# 떠도는 마음 사용법

잡생각에 지친 당신을 위한 심리코칭

# 떠도는 마음 사용법

이석재 지음

우리가 미처 알지 못한 떠도는 마음의 힘

PlanB DESIGN 플랜비디자인

# 떠도는 마음의 가치를 끌어내자

우리의 생각을 바꾸는 것이
원하는 결과를 얻는 유일한 방법이다.
— 브록 카스틸로

팀 과제의 진행과 일정 관리에 대해 팀원들의 의견이 다양했다. 팀장은 그들의 의견을 조율하고, 합의된 의견을 도출하기 위한 팀 회의를 하는 중이다. 한 시간이 지나도록 합의점을 찾지 못하자 팀원들이 하나 둘 지친 기색을 보이기 시작했다. 바로 그때 한 팀원의 토론 태도가 팀장의 눈에 거슬렸다. 팀장은 습관적으로 욱하는 감정을 관리하기 위해 '이 팀의 주인이 누구입니까? 주인의식이 안 보여요.'라는 생각을 억누르고 있었다.

회의에 집중했으나 욱하는 감정을 관리하느라 주의가 이동했다. 그의 마음이 떠돌기 시작했다. 팀장은 지금처럼 중요한 시기에 힘들지만 일에 집중해 줄 것을 팀원들에게 수차례 강조하고 당부도 했다. 프로젝트 지연을 질책했던 상사의 얼굴도 떠올랐다. 생각만 해도 긴장되고 짜증이 난다. 상반기에는 아무래도 좋은 인사평가를 받기 어려울 것 같다고 생각했다. 처음부터 팀을 장악하지 못한 것에 대한 후회가 막심하다. 생각할수록 답답하기만 했다.

팀장은 원래 그 팀원에게만 주의를 주려고 했다. 그런데 설상가상으로 그 팀원을 포함해 모든 팀원에게 큰 소리를 지르고 말았다. "아니 지금 뭐 하는 거예요. 이렇게 회의를 할 거면, 그만둡시다." 억눌렀던 생각이 튀어나오면서 사건을 더 키운 것이다.

독자도 팀장처럼 마음이 떠돌다가 욱하는 감정으로 당황한 적이 있을 것이다. 얼핏 보면, 팀장의 감정 관리에 문제가 있다. 팀원의 회의 태도에도 문제가 있지만, 욱하는 감정을 드러낸 것은 결국 자기 관리에 실패한 것이기 때문이다. 그러나 팀장이 자신의 떠도는 마음을 효과적으로 사용했다면 대응은 달라졌을 것이다.

습관적으로 욱하기보다 답답함을 해소하는 방법을 선택했다면 어땠을까? 예를 들면, 회의를 지속하기보다 답답함을 풀도록 10분간 휴식을 갖는 것이다.

## 이 책을 쓴 이유

다양한 삶의 문제에 대한 해법이 떠도는 마음에 있다고 생각한다. 지난 25년 동안 떠도는 마음을 주제로 국제학술지에 게재된 학술 논문과 전문기관의 글, 전문가의 블로그, 신문기사 등을 심층 분석했다. 또한 19년 동안 현장에서 경험한 나의 코칭 사례 등을 참고했다. 그 결과, 떠도는 마음의 고유한 속성과 가치를 발견했다. 더불어 떠도는 마음의 생산성을 높이고, 마음의 심리적 기반을 강화시키는 방법을 찾았다.

나는 다음 네 가지를 독자에게 알리려고 이 책을 썼다.

첫째, 떠도는 마음은 삶의 생산성을 높이는 새로운 자원이다. 그동안 사람들은 떠도는 마음을 일의 수행을 방해하는 요인으로만 간주했다. 떠도는 마음이 자신의 관심과 어떤 관련이 있는지 판단하고 평가하지 못했다. 앞으로 떠도는 마음의 개념과 내용에 대해 주의를 기울여 보자.

둘째, 떠도는 마음은 자신이 원하고 보상받을 수 있는 것을 찾아다니는 심리이다. 마음이 떠도는 것은 심리적인 방황이 아니다. 떠도는 마음은 자신의 요구를 찾아 떠나는 내면의 심리 여행이다.

셋째, 떠도는 마음에 대한 인식을 긍정적으로 바꾸는 것이다. 떠도는 마음은 일의 수행을 방해하는 심리적 불안 징후가 아니다. 그동안 사람들은 떠도는 마음을 잡생각이며 일의 성취를 방해하는 요인으로 치부했다.

이러한 통념을 바꿀 때이다.

넷째, 떠도는 마음의 가치를 끌어내어 효과적으로 사용하는 방법을 소개한다. 떠도는 마음과 잡생각으로 지치고 불안한 사람들이 많았다. 나는 그들로 하여금 떠도는 마음을 통해 삶의 의욕을 높이고 삶의 개선을 이루도록 돕고자 한다.

### 떠도는 마음의 정의와 심리 기제

떠도는 마음wandering mind은 일에 대한 집중력이 떨어진 사람들의 주의가 그들의 내면으로 이동하면서 생기는 자발적인 정신 상태이다. 이는 의식하지 못한 상태에서 자유롭게 일어난다.

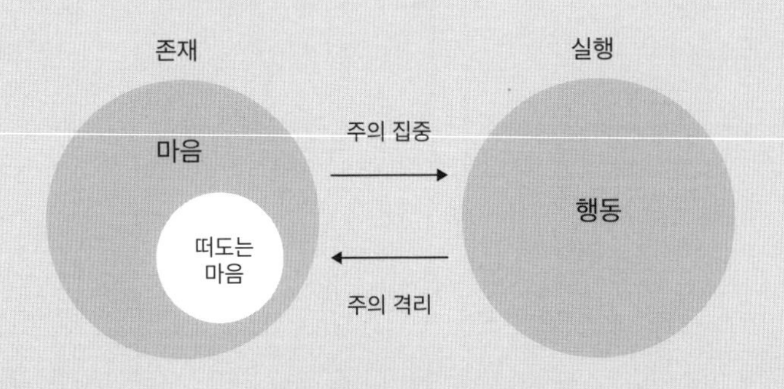


[그림 1] 떠도는 마음의 심리 기제

지금 우리는 제한된 주의력으로는 감당할 수 없는 다양한 관심과 주제들에 의해 휘둘리고 있다. 그렇다고 주의력을 무작정 키울 수 있는 것도 아니다. 이렇다 보니 일에 주의를 집중하지 못하고 툭하면 마음이 떠돈다. 앞서 소개한 팀장의 사례는 마음이 떠도는 현상의 일부에 불과하다. 많은 사람들이 일터나 일상에서 떠도는 마음으로 지치고 불안해한다.

2010년 미국 하버드 대학교의 심리학자 매튜 킬링스워스Matthew Killingsworth와 대니얼 길버트Daniel Gilbert는 스마트폰 앱을 활용해 실험 참가자들의 마음이 어느 정도 떠돌고, 어떻게 느끼는지를 조사했다. 연구자들은 실험 참가자들에게 현재 무슨 생각을 하는지를 물었다. 조사 결과는 놀라웠다. 현재 하고 있는 일과 무관한 생각으로 마음이 떠돈다는 사람의 비율이 46.9%로 나타났다. 그리고 마음이 떠돌 때 그들은 행복하지 않았다. 다른 연구에서도 떠도는 마음이 일반적인 현상으로 나타났다. 사람들은 명상 등의 마음 수련으로 떠도는 마음을 해소시키거나 관련 생각을 억눌렀다. 이러한 노력에 실패한 사람들은 불안을 느꼈고 심하면 우울증을 겪었다.

### 사람들의 마음이 일에 묶여 있다

성과와 평가 중심 사회에서 떠도는 마음으로 인해 일에 집중할 수 없고, 이로 인해 원하는 성과를 내지 못하는 사람을 상상해 보자. 그는 실패 원인을 떠도는 마음의 탓으로 돌릴 것이다. 이런 경험을 반복하게 되면 떠도는 마음이 생산 활동을 방해하는 요인이라고 생각할 것이다. 또 그의 성과를 평가하는 사람은 집중력과 몰입의 부족, 일에 대한 주인의식의 부재를 탓할 것이다. 이러한 인식은 떠도는 마음을 부정적으로 보게 하는 뿌리이다.

일상이 바쁠 때 사람들은 여유 시간을 의도적으로 만들고, 긴장과 스트레스를 해소하기 위해 요가, 명상, 멍 때리기, 산책 등을 하면서 생각을 비웠다. 또한 집중력을 강화하기 위해 체력 단련, 극기 훈련, 서바이벌 게임 등에 참가했다. 이러한 활동의 공통점은 일을 더 잘하는 데 필요한 주의력을 강화시키는 것이다. 명상 등을 통해 예민하고 긴장된 주의를 이완시키고 체력단련 등을 통해 느슨해진 주의를 집중시키도록 훈련시킨다.

사람들은 목표 달성을 위한 실행doing의 삶을 사는 데는 열심이지만, 정작 그 삶을 살아가는 주체로서 존재being의 삶을 사는 데는 관심이 적다. 떠도는 마음은 존재가 만드는 독특한 정신세계지만, 실행의 시선으로 보는 사람들에게는 잡생각이며 비생산적인 방해 요인일 뿐이다. 사람들은 자생적으로 생겨난 떠도는 마음의 세계를 실행의 눈으로만 보고 있다.

### 떠도는 마음에 집중해야 하는 이유

떠도는 마음은 고유한 속성과 숨은 가치를 갖고 있다. 우리는 그 속성과 가치를 끄집어내어 삶을 개선하는 데 실질적으로 활용할 수 있다. 일부 심리학자들은 21세기를 '떠도는 마음의 시대the era of wandering mind'라고 선언했다(Callard 등, 2013). 인지과학과 신경과학의 연구들은 떠도는 마음의 긍정적 기능을 밝혔다. 우리가 떠도는 마음에 주의를 기울이면, 떠도는 마음에 담긴 삶의 주제와 관심을 의식으로 끌어 올릴 수 있다.

대표적인 것이 미래 전망과 계획, 자전적 계획, 창의적 사고의 숙성, 현재의 관심, 자기 성찰 등이다. 우리가 떠도는 마음에 주의를 기울이지 않는다면 그냥 잡생각이라고 여기며 흘려보낸다. 이와 같은 사고 처리를 반복해서 뇌를 학습시킨다면, 뇌는 떠도는 마음을 무시하는 잘못된 메시지를 보낼 것이다.

그러나 떠도는 마음의 숨은 가치를 알게 된 사람들은 삶의 방식을 바꿀 것이다. 그들이 가치있는 자원을 잘 사용한다면 목표 달성도를 더욱 향상시킬 수 있다. 뿐만 아니라 목표를 이루는 방식도 개선시킬 수 있다. 이제 선순환이 일어나는 방식으로 뇌를 학습시켜야 한다.

조직의 리더나 일반인 모두 그들 나름의 떠도는 마음으로 고민했다. 사람들은 떠도는 마음을 빨리 해소시켜야 할 것으로 생각한다. 그러나 나는 인간이 가지고 있는 어떤 특성도 무용한 것이 없다고 생각한다. 따라서 통념이라도 의문을 갖고 깊이 들여다봐야 한다.

## 떠도는 마음을 삶의 개선에 활용하자

기업 리더와 일반인을 대상으로 한 전문 코치로 활동하면서 떠도는 마음의 여러 기능을 경험했다. 예를 들면 떠도는 마음으로 스트레스를 받는 경우도 보았지만, 반면에 효과적으로 활용하여 창의적으로 문제를 해결하는 사례도 경험했다. 이러한 상반되는 경험으로부터 나는 과연 떠도는 마음을 어떻게 바라보는 것이 현대인에게 필요한 것인지에 대해 길 안내를 할 때라고 생각했다.

나는 떠도는 마음의 명확한 속성과 가치를 강조하고, 사용하는 방법을 알리고자 이 책을 6장으로 나누었다.

먼저 떠도는 마음의 세 가지 속성인 지향성, 가치성, 가변성을 1장부터 3장까지 각각 다루었다. 이들 속성은 떠도는 마음의 생산성 향상에 기여하는 필수 요소이다. 따라서 떠도는 마음과 실행을 연계시키는 측면을 강조했다. 각 장의 말미에는 해당 속성을 끌어내는 방법을 소개했다.

이어서 4장부터 6장까지는 떠도는 마음이 작동하는 심리적 기반을 강화하는 원리와 사례를 다루었다. 마음 중심 잡기, 유연한 마음 갖기, 마음과 뇌에 주의를 기울이는 성찰과 명상을 소개했다. 각 장의 말미에는 심리적 기반을 튼튼하게 만드는 방법을 소개했다.

그리고 떠도는 마음에 대한 인지과학과 신경과학의 주요 이론과 접근을 쉽게 알 수 있도록 요약하여 부록에 실었다. 이 책을 읽으면서 좀 더 학술적인 이해를 원하는 독자는 부록을 참고하길 바란다.

평소 떠도는 마음으로 지치고 불안한 독자라면 이 책을 통해 떠도는 마음을 긍정적으로 보게 될 것이다. 독자가 이 책을 다 읽은 후 떠도는 마음의 가치를 끌어내어 삶을 개선시킨다면 이 책을 집필한 목적을 이룬 셈이다. 각 장에 소개된 사례를 읽으면서 독자도 자신의 떠도는 마음을 되돌아보라. 그리고 각 장의 말미에 '생각 파트너의 심리코칭'란에 제시한 떠도는 마음 사용법을 꼭 실천해 보라. 독자의 생각과 행동이 긍정적으로 변화할 것이다.

명일동 연구실에서
생각 파트너 이석재

차례

"어느 순간부터 내가 원하는 가족의 모습이 아니라고 생각했습니다. 자녀들의 학교생활, 아내와의 친밀감, 휴일 여가생활 등에서 불만족한 요인들이 눈에 띄었습니다. 이전에 느꼈던 편안함이 아니었지요. 점차 가정에서 보내던 시간을 회사에서 보내게 되면서 일에 더 몰입했습니다. 겉으로는 일에 열중했지만 사실 심신은 탈진되고 있었습니다. 내가 원하는 것을 보면, 회사에서는 경영진과 주위 사람들의 인정, 가정에서는 가족 구성원들의 행복한 모습입니다. 모두 나에게 중요한 것들이지요. 내 삶에 무엇이 문제일까요?" 나는 팀장에게 자신의 삶을 돌아보도록 다음과 같이 질문했다.
"팀장님은 누구의 삶을 살고 있습니까?"

일에 묶인 삶을 살며 방황하는 30대 남자 팀장

# 1장
# 떠도는 마음의 지향성을 키우자

움직임이 없다면, 아무것도 일어나지 않는다.
—앨버트 아인슈타인

떠도는 마음의 첫 번째 속성은 지향성이다. 지향성은 원하는 것을 향한 힘이다. 떠도는 마음은 일에 대한 부담이 없을 때 장기계획을 성공적으로 세우도록 자극하고 돕는다. 또한 떠도는 마음은 특정 주제에 묶이지 않고 다양한 주제로 옮겨 다니며 자유롭게 떠돈다.

성과를 중시하는 치열한 삶의 현장에서 현대인들은 정신을 통제하기 마련이다. 떠도는 마음이 필요하다면 스스로 알아서 가능한 기회를 찾아야 한다. 그러나 일단 마음이 떠돌기 시작하면 그 마음을 통제하기 쉽지 않다.

떠도는 마음에 관심과 주의를 배분할 필요가 있다. 떠도는 마음의 지향성을 최대한으로 키우고 일을 방해하는 요인의 영향을 최소화한다. 특히 일에 대한 압박이 낮은 환경에서 생각을 자유롭게 떠돌게 하면, 같은 방향성을 가진 떠도는 생각들이 서로 연계되고 통합될 수 있다.

이 장에서는 떠도는 마음의 지향성을 다룬다. 독자도 잠시 책에서 시선을 떼고 떠도는 마음에 푹 빠졌던 때를 기억해 보라. 예를 들면, 여름휴가나 경력개발에 대해 고민했던 때 말이다. 마음을 떠돌게 한 주제를 찾아가도록 자기 자신을 놓아줘 보자. 그때 느끼고 생각한 것을 추억해 본다. 떠오른 생각들이 어떤 방향성을 갖는 지를 살펴보라.

## 지향성은 긍정적이며 구성적이다

윌리엄 제임스William James는 1890년에 출간한 '심리학의 원리'에서 인간의 내면에 존재하는 '의식의 흐름'stream of consciousness이라는 개념을 소개했다. 그는 의식의 흐름이 인간의 내면을 탐구하는 데 중요한 소재라는 점을 분명하게 지적했다.

1966년 제롬 싱어Jerome Singer는 공상을 심리학적으로 연구한 선구자이다. 그는 '과제로부터 주의가 생각으로 옮겨가는 과정'에서 공상이 생겨난다고 가정하고, 이에 대한 과학적 연구를 처음으로 시도했다.

제롬은 먼저 다양한 사회적 배경을 가진 일반 성인을 대상으로 공상과 이를 경험하는 여건에 대해 인터뷰를 진행했다. 인터뷰 결과에서 제롬은 공상이 정상적인 정신 활동이며, 사람들이 인식하고 있고 폭넓게 퍼져있는 심리적 현상이라는 점을 확인했다.

그는 동료들과 공상에 대해 체계적인 연구를 할 수 있는 방법을 고안했다. 기존의 신호 탐지를 연구할 때 사용한 방법으로, 실험 참가자들은 방음장치가 설치된 방에서 헤드폰을 통해 소리를 듣는다. 소리는 낮은 톤 또는 높은 톤으로 실험 참가자에게 전달되고, 참가자는 소리를 들을 때마다 책상 위에 있는 버튼을 누르는 과제를 수행했다. 정확한 신호 탐지에 대해서는 보상이 주어졌다.

1990년 클링거Klinger는 참가자에게 15초 마다 과제와는 무관한 이미지나 생각을 경험하였는지를 물었다. 참가자들은 실험자에 대한 환상, 개인적인 기억, 공상 등 다양한 답변을 했다. 이와 같은 참가자들의 응답은 그들의 주된 관심 사항이 무엇인지를 보여준다.

제롬은 축적된 연구 결과를 토대로 세 가지 유형의 공상 스타일을 찾았다. 긍정적이고 구성적인 공상positive constructive daydreaming은 새로운 경험을 하는데 개방적이고 쾌활하고 창의적인 사고를 하며 상상과 탐구를 즐긴다. 죄책감과 불쾌감을 느끼는 공상guilty dysphoric daydreaming은 불안과 실패에 대한 두려움, 죄책감, 강박 등과 같은 불쾌한 감정과 비통한 환상을 가지며 신경과민하다. 약한 주의 통제poor attentional control는 현재 진행 중인 생각이나 과제에 집중하지 못한다.

떠도는 마음을 이해하는 데 특히 관련성이 높은 스타일은 긍정적이고 구성적인 공상이다. 이 스타일은 떠도는 마음이 외부 과제에 주의를 집중하면서 나타나는 정신 상태가 아니라, 목표 중심 프로세스인 것으로 나타났다.

### 주의가 떠도는 마음의 지향성을 살린다

여러 목표를 가진 사람은 목표를 순환하듯이 떠돌 수 있다. 떠도는 마음은 이와 같이 의식의 흐름을 타고 생각을 갈아타면서 여러 목표에 맞는 행동을 유지할 수 있다. 그러나 떠도는 마음을 과학적으로 연구하기 시작한 25년 전의 사회적 인식을 고려해 보면, 목표는 그 당시에 쉽게 받아들일 수 있는 개념이 아니었다.

마음이 떠돈다는 것은 생산성과 효율성을 중시하는 사회적 시스템에서는 비용이며 해소되어야 할 요소이다. 따라서 통념에 따르면, 떠도는 마음을 가진 사람은 정신적으로 불안전하다. 그들은 삶의 방향을 잡지 못한 상태이며 태도나 행동, 정신적인 측면에서 각성이 필요하다. 또한 경쟁사회에서 사회적 도움이 필요한 대상으로 분류될 것이다.

그런데 일상생활을 하는 사람들의 생각은 거의 과반수가 떠돈다. 수행하고 있는 과제로부터 주의가 옮겨가는 것은 생각에 자유를 준다. 또 현재와는 다른 상황에서 자극을 경험할 수 있는 기회다. 따라서 통념과는 달리 떠도는 생각은 미지의 활용 자원이다.

떠도는 마음의 기능성을 연구한 결과에 따르면, 떠도는 마음의 지향성은 자신의 미래 목표를 계획하고 기대하는 것이다. 이러한 인지적 연구결과는 뇌의 기능에 의해 지지 받고 있다. 자발적인 생각은 사람들이 가지고 있는 자신의 관심과 밀접하게 동조화된다(McVay와 Kane, 2010). 따라서 목표 지향적이다.

생각에 주의를 기울이면, 떠도는 마음에 담긴 자신의 관심과 목표를 선명하게 만들 수 있다. 그러나 떠도는 마음은 의식이 없는 상태에서 유랑하기 때문에 특별한 노력을 기울여야 한다. 대표적인 방법은 일정 기간 동안 자기성찰을 하는 것이다. 자기성찰 이후 떠도는 마음의 내용을 분석해 보면, 장래 전망과 관련한 내용의 빈도가 증가했다(Smallwood 등, 2011). 또한 실험 참가자들이 기억하고 있는 '해야 할 일의 목록'을 활성화시켰을 때 사람들이 가진 떠도는 생각은 목표 지향적이었다(Stawarczky 등, 2011).

### 마음이 떠돌수록 개인 목표는 구체화된다

한 임원은 자신이 맡은 사회적 역할을 제대로 수행하기 위해 다짐하고 독려하고 채찍질하면서 지금까지 자신의 삶을 끌고 왔다. 다시 말해 원하는 결과를 얻기 위한 실행에 초점을 두었다. 어느 날 그는 밖을 향하고 있던 시선을 자기 안쪽으로 가져갔다. 그리고 지금의 자기 자신을 있게 한 주체인 내면의 존재를 만났다.

그는 자신을 보며 감사하고 미안했다. 사회적으로 인정받을 수 있는 자기 모습을 만들기 위해 전력투구하면서, 평소 중요하다고 생각하면서도 뒤로 미루어 두었던 것들이 떠올랐다. 그가 미루어 두었던 것은 자기 자신이 정말 하고 싶어 하는 것과 가족이 원하는 것, 사랑하는 사람들을 좀 더 다정하게 대해 주는 것, 자기 자신을 좀 더 관대하게 대하는 것 등이다.

마음이 떠돌면 주의는 자기 자신을 향한다. 자신의 과거와 미래에 관심을 갖게 되고 자신의 목표를 세우고자 한다. 자기 자신에게 주의가 집중되면서 공상이 일어난다. 자신의 과거를 반추하고 의미 있는 사건들을 회상한다. 미래를 생각하며 자전적인 계획을 세우고 싶어 한다. 이 과정에서 자기 자신에게 정말 필요한 것이 무엇인지를 알게 된다.

영국의 요크 신경촬영센터를 중심으로 떠도는 마음과 개인목표가 구체화되는 과정을 연구했다(Medea 등, 2018). 연구자들은 실험을 총 4단계로 진행했다.

**단계 1**

실험 참가자들은 먼저 도형을 탐지하는 인지 과제를 수행했고, 과제를 수행하는 중에 자발적인 생각을 조사하는 설문조사에 응답했다.

**단계 2**

참가자들은 두 집단으로 나뉘었다. 한 집단은 개인 목표 중에 가장 중요한 것을 3가지 선정하고, 다른 집단은 자신들이 좋아하는 3가지 TV 프로그램을 선정하여 15분 동안 글로 썼다.

**단계 3**

참가자들의 자발적인 생각을 수집하여 첫 단계에서 수집한 것과 비교 평가했다.

**단계 4**

두 집단의 실험 참가자들은 각자 자신의 개인 목표와 좋아하는 TV 프로그램에 대한 내용을 다시 작성했다. 이어서 연구자들은 참가자들이 작성한 내용에 어떤 변화가 있는지를 두 번째 단계에서 작성한 것과 비교 평가했다.

연구자들은 수집한 자료를 활용하여 떠도는 마음의 내용과 개인 목표가 정교화 되는 정도를 상관 분석했다. 개인 목표 집단의 참가자들은 처음보다 두 번째 글쓰기에 더 몰입했다. 참가자들은 시간이 지날수록 개인 목표의 내용을 더 구체화시켰고(23%), 자기 자신과 타인에 대한 이야기(21%)를 포함했다. 그러나 TV 프로그램에 대한 내용을 작성한 참가자들은 두 번의 글쓰기에서 몰입 차이를 보이지 않았다.

자발적인 생각의 내용은 미래에 초점을 둔 생각(36%), 과거에 초점을 둔 생각(18%), 과제와 관련된 생각(18%) 순으로 많은 비중을 차지했다. 자발적인 생각의 형식은 이미지나 단어(37%), 침투적 사고(25%), 상세한 수준(25%)의 순으로 비중이 높았다.

요약하면, 마음이 떠도는 동안에 참가자들이 자기 자신과 미래에 대한 계획을 주로 생각했고, 구체적인 행동과 의사 결정을 포함한 내용으로 개인 목표를 발전시켰다. 떠도는 마음의 상태에서 미래에 대한 자발적인 생각은 개인 목표를 더 구체화시키는 방향으로 영향을 미쳤지만, 역순으로 일어나지는 않았다. 마음이 떠도는 것은 시간을 그냥 흘려보내는 것이 아니다. 요크 센터의 연구자들은 마음이 떠도는 순간에 주의의 방향을 자기에게 집중하도록 안내하면, 개인의 발전에 도움이 되는 의미 있는 결과를 만들 수 있다는 것을 실험 연구로 확인시켰다.

목표 지향적인 삶을 요구하는 현실에서 보면, 떠도는 마음은 사회적 가치에 부합하지 않은 의식으로서 해소되어야 할 대상이다. 그러나 생각을 달리해 보자. 일상에서 일의 목표를 달성하기 위한 실행 중심의 생각과 떠도는 마음을 통해 개인 목표를 구체화하고 발전시키는 존재 중심의 생각을 균형 있게 할 필요가 있다고 생각하자. 그리고 우리가 주의를 어디에 둘 것인가에 대해 진지하게 성찰할 때임을 기억하자.

## 자기대화로 미래 계획에 확신주기

떠도는 마음의 기능에 관한 연구를 보면, 미래 지향적인 생각은 과거나 현재에 대한 생각보다 내면과의 대화inner speech 또는 자기대화self-talk를 더 많이 포함한다(Stawarzcjyk 등, 2013). 떠도는 마음속에서 미래에 대해 생각할 때 내면과 대화를 한다. 자기대화는 떠도는 마음이 만들어 놓은 정신세계에서 자신의 미래를 설계하는 활동을 연결하는 고리 역할을 한다.

정신세계는 주의를 기울이지 않으면 쉽게 사라진다. 따라서 뇌의 기억에 저장되도록 학습 활동을 한다. 기억에 저장하면 떠도는 마음의 세계를 벗어나도 관련 정보가 사라지지 않는다. 언제인가 마음의 세계를 방문했을 때, 기억을 쉽게 불러와 다시 이전의 정신 경험을 재현할 수 있다.

## 긍정적 자기대화의 주요 기능

자기대화는 긍정적인 내용을 갖는다. 긍정적인 자기대화는 원하는 결과를 얻는데 필요한 느낌과 생각을 지지하고 응원한다. 예를 들면, 타인과의 대화가 기대하는 방향으로 전개되지 않을 때 쉽게 화를 내는 사람은 "이 대화를 통해 내가 진정으로 원하는 것은 무엇인가?"라고 자신에게 반복해서 질문한다. 타인과 자신에게 관대해지도록 "그럴 수도 있지"라고 내면의 자기에게 말한다. 계속 노력한 만큼 결과도 좋을 것이라고 확신해 본다. 그리고 열심히 노력하는 자신을 자랑스럽게 생각하며 성공 사례를 만들었을 때 자축하자.

운동선수들은 주문을 외우듯이 "지금 너무 서두르고 있다. 천천히 차분하게"와 같이 자기 자신에게 속삭이듯 말을 하기도 한다. 또 의례적으로 "가자가자", "화이팅", "난 할 수 있다"고 소리치기도 한다. 다른 사람이 들으라고 외치는 것이 아니라 자신을 독려하는 의도이며 자기최면을 거는 것이다. 스포츠 심리학자들의 연구에 따르면, 두 유형 모두 경기성과 향상에 도움을 주는 것으로 나타났다(Hatzigeorgiadis 등, 2011).

또한 긍정적인 자기대화는 마음을 지지자로 만드는 활동이다. 대표적인 자기대화는 신년 다짐이다. 원하는 결과를 얻기 위해 어떻게 느끼고 생각하고 행동할 것인가에 대해 내면의 자기와 갖는 대화이다. 자기인식을 통해 변화의 방향과 실천 행동이 마련되면 내면의 자기와 대화한다.

변화 의지와 실천 약속이 지켜지도록 감시한다. 원하는 행동 변화가 이루어지도록 특정 느낌과 생각을 뇌에 반복적으로 주입한다. 이를 통해 행동 변화가 요구되는 상황에서의 생각과 행동에 집중하도록 한다.

### 대학생의 자기대화 내용

2018년 심리학자인 얼레인 모린Alain Morin은 대학생을 대상으로 자기대화의 내용을 조사했다. 연구자는 실험 참가자들에게 최근 6개월 동안 진행한 자기대화 중 최소 10개의 사례를 회상한 후 조사지에 작성하도록 했다. 조사 방식은 특정 형식 없이 자기의 경험을 보고하는 것이다. 다만 사례를 작성하는 요령으로 먼저 자기대화를 한 시기, 자기대화의 내용, 마지막으로 자기대화를 한 이유를 간략히 적도록 요청했다. 참가자들이 작성한 내용을 분석한 결과, 문제해결과 관련 생각(81.6%), 일반적인 정서(68.4%), 부정적 정서(67.1%), 계획과 시간관리(59.2%), 학교 관련(67.1%), 자기 동기와 고양(43.4%), 자기인식과 현재의 자기(42.1%) 등이 높은 빈도를 보였다. 자기대화의 내용으로 자기조절(예: 문제해결, 계획, 생각)과 자기성찰(예: 정서, 자기 동기, 자기 자신)의 비율이 높게 나타난 것은 기존의 연구 결과와 일치하는 것이다(Winsler, 2009). 이와 같이 현실에서도 자기대화는 자기조절, 자기성찰 등에 중요한 영향을 미친다.

### 자기성찰은 자기대화의 효과를 강화한다

자기대화는 자기성찰의 기능도 갖는다. 자기대화에는 자신의 의식적인 생각과 무의식적인 신념이 포함되어 있다. 자기대화는 두려움을 떨쳐내고 자신확신을 높이는 긍정적인 내용일 때 효과적이다. 자기성찰을 수반하는 자기대화를 통해 생각과 행동 변화를 촉진시킬 수 있다.

또한 자기대화는 객관적인 시각을 갖도록 한다. 마음이 떠돌 때 자기성찰은 사람들로 하여금 자기 자신을 기준으로 하는 사고 틀을 갖도록 하고, 과거보다 미래를 향하도록 한다(Smallwood 등, 2011). 또한 스트레스 상황에서 갖는 생각과 느낌, 행동을 조절할 수 있는 능력에 긍정적인 영향을 미친다. 이로 인해 미래에 경험하게 될 스트레스를 위협이 아니라 도전의 대상으로 본다. 결국 미래에 대한 불안이 감소한다(Kross 등, 2014).

### 부정적 자기대화의 뿌리를 찾아 해결하라

국내 영업을 총괄하고 있는 한 임원은 영업실적이 목표에 미달하거나 기대수준에 미치지 못할 때, 구시렁거리는 습관이 있다. 이로 인해 떠도는 마음은 부정적 자기대화로 가득 찬다. 팀장들과 회의를 할 때, 그의 구시렁거리는 습관은 팀장들에게 있어 암묵적으로 회의 분위기를 예상할 수 있는 단서가 된다. 이 사실을 모르는 사람은 그 임원뿐이었다. 그는 자신의 대화 습관에 대해 피드백을 받아 본적이 없다. 그렇기 때문에 팀장들이 회의 태도가 적극적이거나 소극적인 모습을 보이는 근본적인 원인을 전혀 몰랐다.

이와 같이 자기대화는 부정적인 내용을 갖기도 한다. 이는 다른 사람에게 심각한 영향을 미치기도 한다. 긴장이나 의기소침, 불안, 무력감을 느끼게 하고, 장기적으로는 자존감을 상하게 할 수 있다.

코칭에서 만난 한 팀장은 실수를 할 때마다 "나는 팀장 역할을 제대로 못 하는구나"라고 자책했다. 역할을 제대로 못하는 사람이라고 자기평가를 하면서 무의식 중에 리더십에 대한 무력감을 느꼈다. 학창시절 아버지의 모습이 그의 부정적인 자기대화에 영향을 미쳤다. 그의 아버지는 아들의 학업성적이 우수하길 바랐다. 아들의 성적이 기대하는 수준에 미치지 못했을 때 항상 "아버지가 제대로 챙겨 주질 못 했구나."라고 자책했다. 아들의 성적 부진을 공부하기 좋은 환경을 제대로 만들어주지 못한 본인 탓으로 돌렸다. 팀장은 아버지의 한숨 섞인 자기대화를 마음에 새겨들었다. "지금 나는 팀장으로서 내 역할을 제대로 하고 있는가?"에 대해 수시로 자문했다.

리더로서 자신의 역할을 성찰하는 것은 바람직하다. 그러나 그 생각에 묶이는 것은 바람직하지 않다. 학창시절을 돌이켜 봤을 때 성적 부진은 아버지의 탓이 아니었다. 마찬가지로 팀장은 자신의 실수가 팀장의 역할을 수행할 능력과는 무관하다는 사실을 인식했다. 이후 팀장은 상황을 이전보다 객관적으로 살펴볼 수 있게 됐다.

## 목적 없는 삶,
## 일에 묶인 삶

익숙한 일상이 어느 날 낯설게 느껴질 때가 있다. 낯설다는 감정에는 '심리적 거리감'이 있다. 낯설다는 것은 내 마음에 대상에 대한 이미지, 즉 심상이 있다는 것이다. 심상과 현실의 격차가 심리적 거리이다.

바쁜 생활로 자신을 돌아 볼 기회를 갖지 못한 사람들은 실행의 삶에 대한 심상은 있지만, 존재에 대한 심상은 없다. 어느 날 자신의 내면에 시선을 두었을 때 텅 빈 느낌을 갖게 된다. 현실 과제를 해결하는 과정에서 지치거나 한계에 부딪혔을 때, 주의가 내면을 향하면서 마음이 떠돌게 된다.

### 삶의 가치 찾기와 존재감 회복

어떤 삶을 살 것인가? 사람들이 흔히 고민하는 질문이다. 나는 코칭에서 만난 팀장에게 양손을 앞으로 내밀고 오른손에 가장 소중하게 생각하는 것을 올려놓도록 했다. 이어서 왼손에는 그 다음으로 소중하게 생각하는 것을 올리게 했다. 그는 오른손에 가족의 행복한 생활, 왼손에 회사로부터의 인정을 올려놓았다.

"두 손에 올려놓은 것을 바라보십시오. 어떤 생각을 하십니까? 지금 일어나고 있는 것을 말씀해 주십시오."

"둘 다 소중하게 여겼던 것입니다. 그것들이 양손에 들려 있습니다."

"또 무엇을 보셨습니까?"

"이 둘을 바라보고 있고 두 손은 몸통으로 연결되어있습니다. 몸통은 바로 나입니다. 중요한 것들이 모두 밖에 있습니다. 나는 누구일까요? 그 다음 내가 생각해야 하는 것은 무엇일까요?"

"팀장님, 중요한 통찰을 하셨습니다. 몸통은 바로 팀장님, 자신입니다. 그럼, 팀장님은 누구일까요?"

"나는 누구일까요? 내가 소중하다고 생각한 것은 분명히 밖에 있지만, 내 안에 있는 것은 마음뿐입니다. 그런데 마음은 비어있습니다."

"그 빈 마음을 무엇으로 채우면 좋겠습니까?"

"내가 소중하게 여기는 것을 밖에 두지 말고 안에 두어야 합니다."

"지금까지 생각한 것을 정리해 볼까요? 어떻게 정리해 보겠습니까?"

"내면이 강건해야 합니다. 중심을 잡아야 합니다. 그것을 찾는 중입니다"

“저의 생각을 말씀드릴까요? 팀장님은 그동안 역할자의 삶을 살았습니다. 밖에 중요한 것을 두고 그것을 만족시키는 역할자의 삶을 산 것입니다. 이제 그 역할자가 누구인가를 묻고 있습니다. 나는 누구인가? 이 질문은 삶의 주체가 누구인가를 묻는 것입니다. 그럼 나를 있게 하는 것은 무엇일까요? 다시 말해 나의 존재 이유는 무엇입니까?”

“저는 지금까지 그 질문에 대해 깊이 생각한 적이 없습니다. 그래서 무슨 말씀인지는 알고 있지만, 답이 떠오르지 않습니다.”

“지금까지 잘 해오셨습니다. 인정과 행복은 팀장님이 중요하게 생각하는 가치입니다. 새로운 가치들을 생각할 수 있습니다. 그것은 나중에 찾기로 하고 지금은 그 가치를 실행하는 나를 생각해 보는 것입니다. 그리고 평가 기준도 자기 안에 두는 것입니다. 나를 행위의 주체로 두고 자신이 존중하는 가치를 실천하면서 살고 있는 지를 평가하는 것입니다. 어떻게 생각하세요?”

“알겠습니다. 내가 내 삶의 주체가 되어야 합니다. 그래야 중심을 잡을 수 있습니다. 인정과 행복 그것 이외에 다른 가치가 있는지도 찾아보겠습니다.”

“어떤 느낌이 드세요?.”

“두 손이 내 몸통으로 연결되어 있고 그 몸통이 살아납니다. 생기가 느껴집니다. 정리가 되었습니다. 감사합니다.”

"다음에는 오늘 이야기 나눈 것을 포함해서 '내 삶의 목적이 무엇인가?'에 대해 생각해 보실까요?"

**내 삶의 목적은 무엇인가?**

나는 팀장에게 삶의 목적을 설정하는 법, 삶의 가치를 찾는 법, 가치를 추구하고 실천하는 언행과 일상이 삶의 목적과 일치하여야 하며, 그 결과가 타인과 사회에 선한 영향력을 미칠 수 있어야 한다고 알려주었다. 2주가 더 지난 어느 날 우리는 다시 만났다. 팀장은 자신이 중요하게 생각하는 삶의 가치를 정리했다. 그는 삶의 가치를 정리한 후 자신의 눈으로 세상을 보고 있다는 자신감을 가졌다고 말했다.

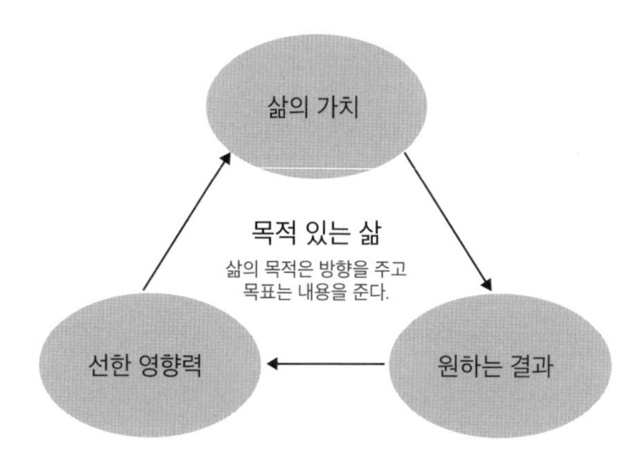


[그림 2] 목적 있는 삶의 구성

### 삶의 목적을 설정하는 방법

⊘ 삶의 가치 찾기

- 삶에서 최고 성취를 경험한 사례를 짧은 글로 작성한다.
- 글에서 중요한 의사결정 사례를 선정한다.
- 해당 의사결정을 할 때 기준으로 삼은 가치를 도출한다.
- 가치와 자기 정체성이 서로 일치하는 정도를 판단하고, 가치의 의미를 명료하게 정의한다.
- 관련성이 높게 나온 것을 삶의 가치로 정한다.

⊘ 원하는 결과 정리

- 일상에서 자신의 가치에 따른 실행 결과물을 정리한다.
- 그 결과물이 자신이 원하는 것인지를 확인한다.
- 가치와 결과물은 서로 연결되고 의미도 일치해야 한다.

⊘ 선한 영향력 평가

- 가치의 실행에 따른 결과가 자신을 포함해 주위 사람들에게 긍정적인 영향을 미치는지를 평가한다.
- 개인 차원을 넘어 조직, 사회, 국가, 글로벌 차원의 영향력을 갖는 것이 바람직하다.

⊘ 삶의 목적 진술

- 이상 3가지 요소가 서로 연관성을 갖는다면, 자신의 삶의 목적을 문장으로 표현한다.
- 나는 (가치를 실행하는 내용)에 헌신하는 삶을 산다.

# 떠도는 마음속
# 꿈의 실현

삶의 관심 주제를 다룰 때, 리더들은 진지하고 솔직한 모습을 보였다. 일부 리더는 현재의 삶과 미래의 삶을 연계시켰지만, 다른 리더들은 과거의 꿈을 현실에서 실현하는 것을 구상했다. 여기서 소개하는 리더는 떠도는 마음에 묻어둔 상처받은 자기 자신을 용기 있게 끄집어냈다.

큰 규모의 여러 사업부 총괄역할을 맡을 후보자를 만났다. 그는 사회적 정체성을 중시하는 리더였다. 다시 말해 개인보다 집단의 일원으로서의 자기 존재를 더 중요하게 생각했다. 이 사실을 확인할 수 있는 우연한 기회가 있었다.

어느 날 사무실 밖에서 그와 미팅을 가졌다. 나는 자신을 지금까지 성장하게끔 동기를 부여하고 밀어붙이는 힘이 무엇인지 물었다.

그는 자신을 돌아보게 하는 좋은 질문이라고 말하며 답은 하나라고 말했다. 그런데 그는 다음 말을 잇지 못하고 울컥했다. 격한 감정은 내면 깊은 곳에 억눌렸던 요구가 다른 사람으로부터 존중 받을 때 나타난다. 그는 평소 차분하고 이성적으로 상황을 이해하고 대응하는 모습을 보였다. 그런데 평소 모습과는 다른 모습을 통해 나는 그의 삶을 관통하는 중차대한 사건이 있을 것으로 직감했다. 다른 사람들에게는 사사로운 사건으로 보여도, 당사자에게는 깊은 상처나 트라우마, 열등감이 된다. 그는 잠시 숨을 고르고 말을 이어갔다.

"저의 생각을 말씀 드리기 전에 먼저 감사합니다. 그간 미팅을 하면서 늘 존중 받고 있다고 느꼈습니다. 급한 일들로 머리는 어수선했지만 마음은 늘 편안했습니다. 사실 업무적으로 좋은 피드백을 받았지만, 존중 받고 있다고 생각한 적은 없습니다. 오늘은 존중 받는 느낌을 받았습니다."

그의 자존감이 가장 상처받았던 때는 사춘기 전후였다. 그의 학교생활과 성적은 부모의 기대에 부응하지 못했다. 형제나 친인척 또래에 비해서도 뛰어나지 못했다. 그에게 가장 불편했던 때는 바로 가까운 사람들과 있을 때, 자신에 대한 이야기보다 형제나 또래에 대한 부모의 칭찬과 주위 사람들의 긍정적 평판을 들을 때였다. 그때 가장 무력감을 느꼈고 회피하고 싶었다.

사춘기 이후 그의 마음은 열등감으로 가득 찼고, 안정을 찾지 못한 채 늘 떠돌았다. 그러나 성인이 되면서 자신의 부정적인 사회적 정체성을 인정하고 긍정적인 사회적 정체성으로 바꿔야겠다고 다짐했다. 그가 말하고 싶은 바로 그 한 가지였다.

### 사회적으로 인정받는 자기 자신을 꿈꾸다

그는 자신의 능력과 현실이 가장 치열하게 부딪히는 직업을 찾았다. 그는 자문했다. '어떤 일을 하면 자신을 객관적으로 평가하고 성장하는 모습을 확인할 수 있을까?' 그가 확인하고 싶은 것은 자신의 강점이나 약점이 아니라, 자신의 잠재성이다. 성장기에 학교생활과 가부장적인 전통 문화에서 무능하고 성장 가능성이 낮다고 평가를 받았다. 사회에 진출하면서 스스로 자기 자신을 평가하고 싶었다.

"나는 누구인가? 나는 어떤 사람인가? 나는 잠재성을 가지고 있을까? 있다면, 무엇인가?"

그는 이에 대한 답을 찾고자 했다. 그는 영업직을 선택했다. 영업은 활동 실적을 매일, 매주, 매월 주기적으로 측정하고 관리한다. 영업 활동을 통해 자신을 객관적으로 보고 자신과 직면할 수 있다고 확신했다. 그가 사회 초년생일 때 그에게 가장 큰 힘을 준 것은 서로를 배려하는 상사와 팀원, 온정적인 팀 분위기였다.

당시 영업은 상명하복의 문화가 강했다. 그런데 그가 속한 부서는 달랐다. 영업 목표는 분명했고 도전적인 수준이지만, 그 목표를 달성해 가는 과정이 특이했다. 그의 상사는 실적이 낮다고 인격을 무시하지 않았다. 실적이 개선될 수 있는 대화에 집중했다. 질책 받을 것을 생각한 그는 존중 받는다고 느꼈다. 그렇다 보니 상사와의 대화가 더 마음 속 깊이 들어왔다. 상사와 나눈 목표 달성 약속을 꼭 지켜야겠다고 다짐했다. 그는 떠도는 마음속의 청소년이 아니라, 본래의 자기 자신에 눈뜨기 시작했다. 그는 상사에게 진정한 자기 자신을 보여야 했다.

그는 '사람의 마음을 통해 성과를 낸다'는 지금의 리더십과 조직관리 방식을 그때 학습했다. 리더의 관점이 아니라 직원의 눈높이에 맞는 대화를 하는 것이다. 영업성과가 낮은 것은 리더의 어려움이지만, 성과를 내지 못하는 것은 직원의 어려움이다. 리더는 그 직원의 어려움을 해결하도록 도와주는 역할을 맡고 있다는 것을 알았다. 리더가 직원을 도와주려면, 직원의 본래 자기 자신과 대화할 수 있어야 한다.

그는 리더 역할을 자신의 사회적 정체성을 긍정적으로 변모시킬 수 있는 절호의 기회라고 생각해 결코 놓치고 싶지 않았다. 만일 자신의 역할을 성공적으로 수행한다면, 자신의 사회적 신분에 맞는 모습을 갖추었다고 스스로 인정할 수 있을 것이다. 개인적 정체성과 사회적 정체성이 조화를 이루면, 경영자로서의 정체성을 자신 있게 보일 수 있을 것이다.

## 삶의 가치로 떠도는 마음의 방향을 잡다

그는 자신을 긍정적으로 인식하는 기회를 가지면서 리더십의 영향력과 효과성을 더 향상시키고 싶어 했다. 나는 구성원의 잠재력을 끌어내고 동기 부여할 수 있는 경영리더십의 근간을 찾도록 질문을 던졌다.

"상무님, 지금까지 중역의 역할을 맡으면서 어떤 삶의 가치를 가지고 있습니까?"

"글쎄요. 가지고는 있지만 막상 무엇이라고 표현하기가 쉽지 않은데요."

"그럼, 앞으로 경영자로서 가져야 할 삶의 가치를 찾고 이것을 리더십과 연계시키는 것에 대해 이야기 나누면 어떻겠습니까?"

"그렇게 하겠습니다. 저의 생각도 더 명확해지고 좋습니다."

나는 그에게 평소 생각하고 있는 삶의 가치 목록을 작성한 후, 두 손에 가치를 각각 하나씩 들고 중요성을 서로 비교해 보도록 요청했다. 상대적으로 낮은 가치는 버리고 새로운 가치를 들고 또 비교한다. 이와 같은 방법으로 작성한 모든 자료를 비교해 우선순위를 정한다. 그는 탁월성, 진정성, 긍정성을 최종 선정했다. 나는 그에게 리더로 성장하는 과정에서 자신의 강점을 발휘하고 약점을 성공적으로 극복한 경험을 들려달라고 요청했다. 아울러 그 과정에서 도움을 준 사람은 누구이며, 세 가지 삶의 가치는 그의 강점과 약점, 역경을 극복한 경험과 어떤 연관성이 있는지 질문했다.

이러한 과정을 통해 삶의 가치와 합치된 자기 모습을 만들고, 이를 자신만의 리더십으로 정립해 볼 것을 제안했다. 자신의 삶과 삶의 가치를 경영리더십에 접목할 때, 리더십을 일관성 있게 발휘할 수 있고 함께 일하는 구성원과 주위 사람들에게 선한 영향력을 미칠 수 있다.

### 되고 싶은 진정한 자기 자신을 향해 도전하다

이제 그는 경영리더십을 발휘하는 역할자로서 뿐만 아니라, 자신이 어떤 존재여야 하는지에 대해 생각할 시점에 서 있다. 나는 그에게 다음 질문에 대한 답을 찾아보도록 요청했다.

"이제 나는 어떤 사람이 되고 싶은가?"

자신과 타인, 환경을 인식하는 틀은 부모의 양육 방식과 내용, 학교 교육에 의해 영향을 받는다. 인식의 틀이 발달할수록 잠재성이 유용한 심리적 자원이 된다. 자신의 잠재성을 탐구하고 강점으로 활용하는 방법은 인식 능력을 키우는 것이다. 이를 통해 경험하지 못한 영역을 탐구하고, 보지 못한 영역을 보고 경험하는 것이다. 자신이 원하는 삶을 구상하고 만드는 것과 같다. 이를 위해 그는 늘 깨어있어야 한다고 생각했다.

## 일상을 통제하기보다 예측하게 만들기

합리적 예측은 떠도는 마음의 지향성을 향상시킨다. 생활 주변을 둘러보면 우리의 일상을 예측할 수 있도록 도와주는 정보 시스템이 있다. 2010년 서울 시내버스 정류장에 버스정보 안내단말기가 설치되었을 때 생활하기 편해졌다. 단말기가 설치되기 전에는 버스 오는 방향을 자주 쳐다보며 빨리 오기만을 기다렸다. 버스가 오기 전까지 오만 가지 생각이 떠올랐다. 사고가 난 것은 아닐까? 온다고 해도 만원 버스는 아닐까? 왜 이리 배차 간격이 길지? 이런 저런 잡생각에 마음이 이리 저리 떠돌았다.

### 성과와 무관하게 떠도는 마음을 관리할 수 있다

폴 셀리Paul Seli는 떠도는 마음이 일상에 부정적인 영향을 미친다는 결론을 도출한 많은 연구에 참여했다. 그는 기존의 연구들이 주로 실험실 내에서 이루어졌다는 점에 착안해서 실험에 사용된 연구방법을 면밀히 조사 분석했다. 그 결과는 흥미로웠다. 실험실 내에서 떠도는 마음의 영향을 알아보기 위해 사용하는 과제는 실험 참가자에게 지속적인 주의 집중을 요구하는 공통점을 가지고 있었다.

셀리는 참가자들도 실습 학점을 취득하기 위해 실험을 마쳐야 하고, 실험에 참가한 이상 중단 없이 과제 수행을 잘하기 위해 주의를 집중할 것으로 추론했다. 만일 실험 참가자가 떠드는 마음을 보였다면, 그들의 본래 의도와 상관없이 실험 상황에 따른 것으로 해석했다. 즉, 떠도는 마음은 환경에 의해 일어났으며 비의도적이다.

그러나 현실에서 사람들의 생활 모습을 보면, 한 곳에 계속 주의를 집중하기도 하지만 일반적으로 여러 가지 활동을 하면서 떠도는 마음을 경험한다. 아침에 일어나 식사를 하고 일터로 출근한다. 일터에서는 미팅을 갖고 점심 식사를 하고, 중간에 커피나 차를 마시는 여유를 갖기도 한다. 하루를 구성하는 개인 생활의 모습은 주의를 집중하고 마음이 떠돌고, 다시 집중하는 방식으로 주의가 유연하게 이완하는 형태를 갖는다.

셀리와 동료들이 연구한 결과를 보면(Seli, Risko 등, 2016), 실험 참가자들이 보고한 떠도는 마음의 31~41%는 의도적으로 이루어졌다. 또한 의도적으로 떠도는 마음을 경험하면서도 창의적 문제해결을 성공적으로 수행했다. 기존 연구에서 실험 참가자들은 비의도적인 상태에서 과제를 수행하면서 떠도는 마음을 경험했고, 이러한 경험은 과제 수행에 부정적인 영향을 미쳤다. 기존의 부정적인 연구결과와 비교할 때, 떠도는 마음의 긍정적 측면에 대한 셀리의 연구결과는 떠도는 마음의 기능과 역할에 대해 새로운 관점을 제시했다.

셀리는 동료들과 의도적으로 떠도는 마음을 경험하면서도 과제 수행을 잘 할 수 있다는 결과를 보여줄 수 있는 연구 설계를 했다. 그들은 실험에 참가하는 대학생을 두 집단으로 나누어 계속 주의를 집중한 상태에서 난이도가 낮은 과제 또는 높은 과제를 수행하도록 했다.

연구자들은 다음과 같이 가정했다. 난이도가 낮은 경우, 과제가 쉽기 때문에 실험 참가자들은 과제를 수행하는 집중도를 의도적으로 낮출 것이다. 이러한 상황에서 참가자들은 주의를 과제에서 자신의 생각으로 돌려 떠도는 마음을 경험할 것이다. 그러나 과제의 난이도가 높으면, 과제를 잘 수행해야하기 때문에 주의를 다른 곳으로 돌리기 어렵다. 따라서 떠도는 마음은 의도와 무관하게 일어날 것이다.

난이도가 낮은 과제는 컴퓨터 화면에 특정 숫자(예, 3)를 보여주고 다음 화면에 나타나는 숫자에 따른 반응을 하는 조건이다. 화면에 특정 숫자가 있으면 키보드를 누르지 않고, 특정 숫자가 없으면(예, 1~2 또는 4~9) 키보드를 눌러 응답한다. 난이도가 낮은 집단은 두 번째 화면의 숫자가 순서대로 나타났다. 난이도가 높은 집단에서는 순서와 관계없이 나타났다. 두 집단의 참가자들은 과제를 수행하면서 자신의 마음 상태를 체크하도록 했다. 마음 상태는 '과제 수행', '의도적으로 떠도는 마음', '비의도적으로 떠도는 마음' 등 세 가지였다.

연구 결과는 셀리와 동료들의 가정을 지지했다. 떠도는 마음의 비율은 두 집단 간에 차이가 없었다. 그러나 과제의 난이도에 따라 떠도는 마음을 경험한 의도가 달랐다. 셀리와 동료들은 난이도가 쉬운 과제에서 지루함을 느끼도록 설계했다. 과제의 난이도에 따라 의도적으로 떠도는 마음을 경험한 비율이 달랐다. 또한 참가자들은 난이도가 낮은 과제에서 더 의도적으로 떠도는 마음을 경험했다고 응답했다.

### 통제하지 말고 예측력을 높인다

셀리와 동료들은 후속 연구를 통해 참가자들이 떠도는 마음을 의도적 또는 비의도적으로 결정하는 심리를 탐구했다. 쉬운 과제는 다음 과제의 내용과 해답이 무엇인지를 쉽게 예측할 수 있지만, 어려운 과제에서는 숫자가 무작위으로 제시되었기 때문에 예측할 수 없다고 보았다. 따라서 자신이 하고 있는 일을 예측할 수 있다면, 전략적으로 주의를 집중할 것인지 분산할 것인지를 의도적으로 결정할 수 있다. 쉬운 과제를 수행한 참가자들은 앞으로 전개될 상황을 예측할 수 있기 때문에 주의를 활용하는 방법에 대해 전략을 세울 수 있다. 따라서 의도적으로 떠도는 마음을 경험했다. 어려운 과제를 수행한 참가자는 앞으로 전개될 상황을 예측할 수 없기 때문에 떠도는 마음을 경험하기 어렵다. 경험한다고 해도 비의도적으로 경험했다고 해석했다.

셀리의 연구는 실험실 연구였지만 의도적으로 떠도는 마음을 경험할 수 있다는 가능성을 보여주었다. 이 연구의 결과가 시사하는 바는 사람들이 상황을 예측할 수 있고 그에 따른 전략을 활용할 수 있다면, 떠도는 마음을 의도적으로 경험할 것이라는 점이다. 연구자들은 여러 실험 조건에서 사람들이 의도적으로 떠도는 마음을 경험하면서도 과제 수행을 방해받지 않는다는 증거들을 축적했다.

떠도는 마음으로 힘들어 한다면, 현재 상황을 어떻게 지각하고 있는지를 돌아볼 필요가 있다. 예측 가능한 상황을 원하지만 그 열망이 지나치면 상황을 통제하려고 할 수 있다. 예측보다 통제할 때 인지적 몰입도가 더 크게 작용한다.

마음이 떠돌아서 힘들다면, 자신에게 다음과 같이 질문해 보자.

"지금 내가 힘들어 하는 이유는 무엇 때문인가? 나는 상황을 예측하려고 하는가 아니면 통제하려고 하는가? 예측하고자 한다면, 예측 가능성을 지금보다 높일 수 있는 방법은 무엇인가? 통제하고 있다면, 어떻게 하면 예측 활동에 주의를 기울일 수 있을 것인가? 기존 생각과 느낌에서 다르게 바꿔야 할 것은 무엇인가?"

이러한 질문에 대한 답을 찾는 과정에서 기존의 생각과 느낌을 처리하는 인식의 틀이 더 유연해진다. 일상에서 통제하려고 애쓰기 전에 먼저 예측 가능성을 높이는 방법을 찾아보자.

## 생각 파트너의 심리코칭 × 떠도는 마음의 지향성을 키우는 방법

떠도는 마음은 '자발적으로 생겨난 생각'이다. 자기 자신을 기준으로 떠도는 마음의 가치와 의미를 판단하고 평가하지 못하면 잡생각이 된다.

### 주의를 내면에 두라

- 자신이 관심을 갖고 이루고 싶은 결과에 주의를 기울일 수 있는 공간을 찾아 자신이 가장 편안하다고 생각하는 자세를 취한다.
- 주의에 방해가 되는 불안, 염려, 긴장, 스트레스 등과 같은 심리 상태를 해소한다. 평온한 마음의 상태를 갖는다. 이어서 떠도는 마음속 생각들에 주의를 기울인다.

### 떠도는 마음속에 담긴 관심을 구체화하라

- 자기의 관점에서 떠도는 마음속 관심을 판단하고 평가한다.
- 성장 비전과 목표, 자전적 계획과 같은 미래에 대한 생각을 메모한다.
- 메모한 내용을 활용하여 자전적 이야기를 짧은 글로 작성해 본다. 글에 담긴 목표가 크든 작든 개의치 않는다.
- 자전적 계획의 일환으로 자전적 글쓰기, 후에 책 출간에 도전해 본다.
- 성장 비전에 대한 글의 구성은 다음과 같은 내용으로 한다.

1) 나의 존재 이유를 설명하는 삶의 목적을 작성한다.

2) 삶의 목적과 연계된 나의 성장 비전을 작성한다.

3) 성장 비전을 달성하기 위한 미래 도전 과제를 설정한다.

4) 도전 과제를 달성하기 위한 실행 과제를 설정한다. 최소 30일 이내에 달성할 수 있는 과제를 설정한다.

5) 도전 과제를 수행하면서 자기 변화가 필요한 사항을 명확히 한다.

- 글의 완성도에 집착하지 말고 목표 달성에 조급해 하지 않는다.
- 관심을 이루기 위한 목표가 세워지면 마음이 떠돌게 둔다. 마음이 떠돌수록 목표가 구체화된다.

## 자기대화와 멘탈 리허설을 루틴으로 실천하라

- 비전과 목표를 포함한 자전적 이야기를 자신의 내면에게 큰 소리로 들려준다. 자기대화는 성장에 대한 다짐을 강화시키고 자존감을 높여준다.
- 일상의 삶을 통제하기보다 예측 가능하도록 만든다. 지금 무엇을 하겠다고 생각했다면, 원하는 결과를 얻을 수 있도록 하는 요인들이 현실에서 일어나도록 행동한다.
- 앞으로 나아갈 미래의 모습을 이미지화하고 멘탈 리허설을 한다. 실제로 그 모습이 이루어진 상태를 사실적으로 상상한다.

"석사 학위 논문의 주제를 발전시켜 박사 학위를 받고 싶습니다. 석사 과정에서 학습한 이론을 현업에 적용하면서 업무 성과가 향상되고 더 성장하는 경험을 했습니다. 신이 났습니다. 그런데 막상 박사 과정에 들어가서 보니 석사 과정에서 경험하지 못한 여러 가지 새로운 도전으로 병이 날 지경입니다. 현재 논문 주제를 다양한 관점에서 살펴보고 있습니다. 그런데 공부를 할수록 연구 주제가 미궁으로 빠지고 있습니다. 이 상황에서 어떻게 하면 좋을까요?" 그는 많은 생각을 가지고 있다. 그런데 그 생각들에 의해 휘둘리고 있다. 나는 논문 주제와 관련된 그의 생각들이 숙성되도록 다음과 같이 질문했다.

"당신은 어떤 경우에 생각이 숙성된 경험을 했습니까?"

일과 공부를 병행하며 고군분투하는 30대 후반의 여성 직장인

# 2장
# 떠도는 마음의 창의성을 자극하자

나의 통념에도 의문을 품고
전문가의 말에도 질문을 던졌다.
—래리 엘리슨

떠도는 마음의 두 번째 속성은 가치성이다. 가치성은 원하는 결과를 만드는 힘이다. 가치성의 대표적인 것은 창의성이다. 떠도는 마음은 어느 한 주제에 머무르지 않고 계속해서 옮겨 다닌다. 또한 현재의 일이나 상황 자극과는 무관한 과제를 구상하고 해결하는 데 창의적인 영감을 주는 자원으로도 활용된다(Smallwood와 Andrews-Hanna, 2013). 이와 같이 떠도는 마음의 가치는 한 주제에 머무르거나 떠도는 중 여러 생각을 연결하고 통합하여 새로운 창의적이며 혁신적인 생각을 만들어 내는 데 있다.

정신적 통제와 외부적 요구가 없는 상황은 떠도는 마음을 일으키는 데 적합하다. 이러한 상황에서 창의적인 생각이 만들어지는 인큐베이션 효과가 나타날 가능성이 높다. 반면에 지속적으로 주의를 기울이거나 긴 휴식으로 단조로운 경우에는 떠도는 마음이 생성될 가능성이 낮다.

2013년 루비Ruby와 동료들은 떠도는 마음과 사회적 문제에 대한 해법이 정적인 상관관계에 있다는 것을 밝혔다. 예를 들면, 한 시민이 친구가 전혀 없는 새로운 지역으로 이주했다. 그런데 그 시민은 이웃 주민에게서 친근함을 느꼈다. 여기서 사회문제는 새로운 지역에 잘 정착하는 것이다. 실험 참가자들은 이러한 사회문제를 해결할 방안에 대해 각자의 생각을 글로 썼다. 연구자들은 참가자의 글을 읽고 시민이 문제해결에 이르는 단계적 접근의 다양성과 그 접근의 효율성을 7점 척도로 평가했다. 점수가 클수록 다양성과 효율성이 크다는 것이다. 연구 결과는 마음이 떠도는 상황에서 단계적 접근의 다양성과 접근의 효율성이 높게 나타났다.

이 장에서는 떠도는 마음을 통제하기보다 그대로 떠돌게 하면서, 떠도는 마음의 내용을 가치 있는 것으로 채울 수 있는 가능성과 관련한 다양한 증거를 인지과학과 신경과학에서 살펴본다. 독자는 이 장을 통해 떠도는 마음은 창의성을 발휘하는 정신자원인 점을 확인할 수 있다. 독자는 자신의 창의성을 발휘하기 위한 맞춤형 프로세스는 어떤 모습일지 구상해 보길 바란다.

## 마음이 떠돌 때 창의성 폭발

창의적인 아이디어는 어떻게 생겨나는 것일까? 흔히 사람들은 창의적인 사람은 일반 사람들과는 다른 독특함을 가지고 있을 것으로 생각한다. 예를 들면, 창의적인 사람은 타고 나는 것으로 생각한다. 좌뇌 보다 우뇌가 발달했을 것으로 생각한다. 또는 고독과 고뇌의 삶을 살면서 묵직한 삶의 이야기가 승화되어 세계사적인 걸작을 만들어 낸다고 생각한다. 마치 피카소나 고흐, 베토벤 같은 천재 예술가를 머리에 떠올리면서 말이다. 좀 더 경험적으로 생각한다면, 자신의 분야에서 오랜 숙련과 숙성의 시기를 보낸 후에 어떤 영감에 의해 위대한 발견을 한다는 신화적인 에피소드를 마음속에 가지고 있다.

사실 인류사의 획기적인 발견은 흥미롭고 상상을 자극하는 일화로 전해진다. 아르키메데스는 왕관이 진짜인지 가짜인지를 알아보라는 왕의 지시를 받았다. 그는 어느 날 목욕탕에 들어갔다가 물이 넘치는 광경을 보고 물질의 질량을 발견했다. 사실이 아닌 것으로 밝혀졌지만, 자기 머리 위로 떨어지는 사과를 보고 만유인력의 법칙을 발견했다는 뉴턴의 이야기 등이 대표적인 일화이다. 이러한 일화에 담긴 발견의 순간을 보면 위대한 발견의 주인공은 떠도는 마음의 상태에 있었다.

### 떠도는 마음의 힘

수학자 앙리 푸앵카레Henri Poincaré(2000)는 수학자로서의 삶을 소개한 글을 학술지에 실었다. 이 글에서 그는 비 유클리드 기하학non-Euclidean geometry의 기초가 자신의 마음에 문득 떠올랐던 순간을 다음과 같이 묘사했다.

"여행이라는 변화는 수학자로서의 일을 잊게 했다. 쿠탕스Coutances에 도착한 후, 우리는 여러 곳을 여행하기 위해 합승 자동차(구 합승 마차)에 올랐다. 발걸음을 내딛는 순간 아이디어가 떠올랐다. 내가 푸크스 함수Fuchsian functions를 정의하는데 사용한 변형이 비 유클리드 기하학의 변형과 동일하다는 것이다. 이전에는 생각하지 못한 것이다."

푸앵카레의 새로운 발견은 해결해야 하는 과제에 몰두해 있지 않았으며 과제와는 독립적인 시간과 공간에서 일어났다. 이 결과로 보면, 수학자와 극작가와 같은 전문가는 떠도는 마음의 상태를 수용하고 즐길 수 있어야 한다. 그런데 이해는 하겠지만 실행하기는 어렵다. 왜냐하면, 전문가들이 사고하는 데는 나름의 독특함이 있기 때문이다.

수학 문제를 풀다가 실수를 하는 경우 또는 과학자가 실험을 하다가 실수를 하는 경우, 극작가가 글을 쓰다가 실수를 하는 경우를 상상해 보자. 과연 그들은 실수를 용납할 것인가? 전문가들이 원하는 결과를 만들어 내는 과정에는 무한한 반복이 있다. 전문가들은 일을 시작할 때, 하나의 법칙이나 이론과 가설을 갖고 시작한다. 일을 통해 원하는 검증이 성공적으로 이루어지면 이를 바탕으로 다음 단계로 옮겨 간다. 이러한 과정을 반복하면서 최종 연구 결과를 만들어 낸다. 따라서 전문가들의 사고는 반복적이면서도 한 방향을 향해 질주하는 초고속 열차와 같다. 전문가에게 실수는 기차가 탈선하는 것과 같아 용납하기 어렵다. 아마 실수를 한다면 죄책감을 느낄 것이다.

전문가에게 떠도는 마음은 '지금 여유를 부릴 시간이 없다'라는 생각에 곧바로 배척될 것이 뻔하다. 따라서 그들을 설득시키려면 떠도는 마음의 효과적인 활용이 원하는 결과를 얻는데 도움이 된다는 과학적 사실을 증거로 보여야 한다. 눈으로 직접 확인하도록 해야 한다. 과연 떠도는 마음의 상태에서 창의적인 아이디어들이 나올 수 있을까?

## 마음이 떠돌 때, 생각은 창의적이다

셸리 게이블Shelly Gable과 동료들(2019)은 물리학자 45명과 전문 극작가 53명을 모집하여 그들의 전문분야와 무관한 문제를 풀어 보도록 했다. 첫 번째 연구에서 참가자들은 2주 동안 매일 밤마다 설문지를 받았다. 먼저 "오늘 하루 동안 창의적인 아이디어가 있는 경우, 가장 중요한 아이디어를 한 두 문장으로 작성하십시오."라고 요청했고, 이어서 "아이디어가 떠올랐을 때 무엇을 생각하고 있었습니까?", "아이디어가 떠올랐을 때 무엇을 하고 있었습니까?", "아이디어와 관련해 당신이 해결한 문제 또는 프로젝트는 현재 어떤 상태입니까?"에 대해 응답하도록 했다. 그리고 6개월 후 설문조사를 통해 당시 작성한 아이디어들에 대해 현재 시점에서 창의성과 전반적인 중요도를 7점 척도로 평가하도록 했다.

연구 결과는 흥미롭게 나타났다. 참가자들의 25.2%가 떠도는 마음을 경험하고 있을 때 가장 중요한 아이디어들이 떠올랐다고 응답했다. 일반적으로는 난관을 극복하면서 문제를 해결하거나 프로젝트를 수행하면서 '아하 모멘트'를 경험할 때, 아이디어가 생성될 가능성이 높다.

두 번째 연구에서 다른 참가자들을 대상으로 1주 동안 설문조사를 하고 3개월 후에 후속 설문조사를 했는데 이때도 동일한 결과를 얻었다. 다만 두 연구에서 후속 설문조사의 결과를 일을 할 때와 떠도는 마음일 때로 비교한 결과, 아이디어의 창의성과 중요도에 차이가 없었다.

이 연구를 통해 전문가들로부터 떠도는 마음의 상태에서 창의적인 아이디어가 나온다는 결과를 확인할 수 있었다. 이 연구 결과는 떠도는 마음이 잠재성을 끌어내는 힘을 가진 독특하고 가치 있는 정신 상태라는 것을 보여준다. 또한 창의적인 일의 계기가 되는 영감은 정신이 과부하된 상태가 아니라 떠도는 마음의 상태에서 일어난다는 일화를 지지하는 결과이다. 뿐만 아니라 떠도는 마음은 생산성을 떨어뜨리는 정신 상태라는 통념을 반박하는 것이다.

### 떠도는 마음속 생각을 메모하라

떠도는 마음과 정신 통제의 활동이 독립된 것이라고 생각하지만, 뇌의 활동을 보면 이는 완전히 독립적이지 않고 연결되어 있다. 따라서 떠도는 마음에서 주의가 다양한 주제를 떠돌며 마음 여행을 한다. 우리가 의식하지 못하는 어느 순간에 의미 있는 주제 또는 개념들이 서로 연계되고 통합되면서 뇌의 실행센터에서 의식적으로 처리될 수 있다.

사람마다 차이가 있지만 아이디어는 순간적으로 떠오른다. 어떤 사람은 지인과 커피를 마시던 중에 혹은 산책을 하거나 샤워를 하던 중에, 망중한에 있던 순간에 원하는 아이디어가 떠오른 경험을 할 수 있다.

창의적인 가치의 시작은 메모에 있다. 코칭에서 만난 한 대기업의 임원은 소형 녹음기를 가지고 다닌다. 어느 순간에 좋은 아이디어가 떠오르면 그는 메모하기보다 바로 음성 녹음을 한다. 영감이 떠오르는 순간에 시차 없이 곧 바로 기록을 남기려고 한다. 국내 한 대기업의 CEO는 자동차와 침대 옆 작은 탁자에 메모장을 두고 있다. 그는 업무와 관련이 있든 없든 좋은 생각이 떠오르면 즉시 메모하는 습관을 가지고 있다.

애플의 수석디자이너였던 조나단 아이브 Jonathan Ive 는 직관적이며 혁신적이라는 애플 제품의 디자인에 대한 자신의 생각을 다음과 같이 요약했다.

"디자인은 경험을 디자인하는 것이며 복잡성을 진정한 단순성으로 배열하는 것이다. 그 배열은 지극히 명료하고 효율성이 높은 시스템을 구성하는 각 요소의 특성을 전체 시스템의 관점에서 조화롭게 통합한 것이다. 그 결과물은 혁신적이다."

복잡성을 단순하게 배열하기 위해서는 복잡성을 구성하고 있는 많은 요소들의 공통점을 찾는 노력이 있어야 한다. 어떤 특정 관점을 통해 수많은 요소들을 관통하는 하나의 질적 속성을 찾아내는 것이다. 단지에 들어있는 많은 구슬들을 실에 엮는 것과 같다. 하나의 관점은 수많은 구슬을 꿰는 실이다. 메모는 이러한 창의적인 관점을 찾는 데 유용한 생각 도구이다.

# 떠도는 마음의 인큐베이션 효과

심리학자들은 자신으로부터 일을 일정 기간 격리시키는 것이 문제해결에 더 나은 결과를 가져온다는 연구결과를 보고했다. 심리학에서는 이러한 현상을 배양 효과 또는 인큐베이션 효과incubation effects라고 한다(Sio와 Ormerod, 2009). 이와 관련하여 인큐베이션 기간 중에 일관되게 나타나는 내면의 심리 현상은 공상을 하거나 기존의 일과는 무관한 새로운 과제를 통해 창의성을 자극하고 통찰을 경험하는 것이다.

인큐베이션 효과를 높이려면 주의를 한 곳에 집중하지 않고 여러 곳으로 분산하는 시간을 갖는 것이 좋다. 이러한 활동에서 예상하지 못한 '아하'의 순간을 경험할 수 있다. 이 경험은 뇌에 힐링을 주고 긍정적인 에너지를 느끼게 한다. 이때 높은 주의력을 요구하고 뇌에 과부하를 주는 힘든 과제를 피해야 한다.

맡은 일을 신속히 처리하고 각자의 역할을 제대로 수행하여 원하는 결과를 만들어야 하는 일터에서 우리의 뇌는 소수의 과제에 집중되어 있다. 뇌의 정보는 문제를 해결하는 방향으로 반복해서 흐른다. 이러한 흐름은 효율성이 있지만 뇌가 제한된 방식으로 반복해서 활성화되기 때문에 학습화되고 고착화될 수 있다. 지금까지 습관적으로 해 오던 문제해결 방식이 실패하면 뇌에 과부하가 생기고 스트레스로 경험된다.

인큐베이션은 이때 문제해결에 계속 매달리지 말고 뇌에 공간을 주는 것이다. 기억에서 정보를 찾아 인출해 내는 시간을 늦추고 한 곳에 집중했던 주의를 분산시키는 것이다. 이를 통해 문제해결을 지연시키는 과정은 나중에 문제해결을 촉진시킨다(Sio 등, 2017).

사람들은 일상에서 인큐베이션 효과를 얻기 위한 여러 방법을 사용하고 있다. 일에 지쳤을 때 자신에게 휴식을 주기 위해 휴가를 떠난다. 의견 차이로 말다툼을 하던 연인은 만남을 일정 기간 미룬다. 빠르게 걷던 길을 천천히 걷고, 습관화된 행동을 바꾸거나 행동을 뒤틀어 본다. 아침에 마시던 커피를 생략하고 오후가 시작할 때 마셔본다. 사람들은 하던 일이 벽에 부딪쳤을 때 그 일로부터 한발 물러서는 것이 지혜로운 대처라는 것을 이미 잘 알고 있다.

### 인큐베이션에서 일어나는 일

이제 일과 자신을 격리시킬 때 어떤 원리가 작동하는지를 알아보자. 하던 일을 옆으로 밀어두면 그 사람에게 어떤 일이 벌어지는가? 창의적 사고과정에서 인큐베이션은 어떤 역할을 하는가? 심리학자들이 인큐베이션에 관심을 갖는 주된 이유는 통찰insight과 관련이 있다.

1926년 심리학자 그레이엄 월러스Graham Wallas는 창의적 사고과정을 4단계로 설명했다. 준비preparation, 배양incubation, 영감illumination, 검증verification이다. 통찰은 사고 과정에서 두 번째 단계인 배양과 같다. 개념적으로 통찰은 예고 없이 예측할 수 없는 상태에서 문제를 해결할 수 있는 실마리가 떠오르는 인지활동이다. 통찰이 의식적으로 이루어졌다면 인큐베이션에서는 정신적 피로를 해소하고 추가적인 문제해결을 진행한다.

'생활의 달인'에 나오는 맛집의 요리 과정을 보면, 흔히 사용할 수 없는 식재료의 조합을 통해 고객의 마음을 끄는 맛을 만들어 낸다. 맛을 만드는 과정을 보면 개발한 사람의 정성과 집념에 혀를 내두른다. 개발자는 밤낮으로 자신이 추구하는 맛을 찾아 많은 시행착오를 겪는 과정을 자발적으로 감수한다. 아주 흥미로운 사실은 그들의 조리 과정에 공통점이 있다는 것이다. 바로 숙성의 과정이다. 맛의 비밀은 숙성으로부터 시작된다.

숙성 과정은 맛의 개발에만 있는 것이 아니다. 사람의 인지적 능력이 최고로 발휘되는 과정에도 있다. 맛의 숙성은 창의적 사고과정에서 인큐베이션이다. 중요한 시험을 앞둔 학생, 벤처기업의 연구 개발자, 최고의 영업 달인, 맛의 신비를 찾는 생활의 달인 등 원하는 결과를 얻고자 고군분투하는 사람들은 자신을 숙성시키는 지혜를 발휘한다.

난관에 직면할 때 문제를 일정 시간 옆으로 밀어둔다. 그들은 일을 잠시 밀어두는 방법을 썼을 때 더 나은 결과를 얻을 수 있다는 사실을 경험을 통해 이미 잘 알고 있다.

## 익숙한 것에서 의도적으로 벗어나기

우리 눈으로 확인할 수 없지만, 뇌는 의미 체계에 따라 연결된 망으로 정보를 기억장치에 저장한다. 우리가 아침에 일어나 자신만의 형식화된 방식으로 행동하는 이유는 아침에 하는 일련의 행동을 뇌 기억에 저장하고 사용하기를 반복한 결과이다.

쥐를 대상으로 출발점에서 먹이가 있는 곳까지 찾아가는 간단한 미로 학습을 시킨다고 상상해 보자. 처음에는 쥐가 시행착오를 겪으며 목표 지점에 도착한다. 그러나 시행을 반복하면 쥐가 목표 지점에 도착하는 속도는 빨라진다. 더 놀라운 사실이 있다. 쥐를 목표 지점에서 출발하도록 하면 미로를 지나 이전의 출발점에 쉽게 도착한다. 쥐의 뇌에 지도가 만들어진 것이다. 사람의 뇌 기능도 이와 같다.

반복을 통해 학습된 사고와 행동을 바꾸는 것은 쉬운 일이 아니다. 문제해결의 성과가 낮은 원인은 특정 사고와 행동에 묶이는 것이다. 우리는 일상에서 무의식적인 학습 행동을 한다. 다음과 같이 해 본다. 시선은 정면을 향한 상태에서 팔짱을 낀다. 자신이 가장 편한 방식으로 팔짱을 끼면 된다. 평소 팔짱을 끼는 대로 하면 된다. 마쳤으면 눈으로 팔짱을 낀 모양을 본다. 팔짱을 낀 상태를 느껴 본다. 편안함을 느낄 것이다.

이제 시선을 다시 정면에 둔 상태에서 팔짱을 반대로 껴본다. 처음에 오른손이 왼팔의 밑으로 들어가고 왼손이 오른팔의 위로 올라왔다면, 이제 반대로 하는 것이다. 오른손이 왼팔의 위로 올라가고 왼손이 오른팔의 밑으로 들어가게 하는 것이다. 눈을 정면에 두고 하는 것임을 잊지 말자. 어떤가? 만일 팔의 위치를 반대로 바꾸지 못했다면 눈으로 보면서 바꿔본다. 그리고 정면을 본다. 팔짱을 낀 상태를 느껴 본다. 어떤 느낌인가? 이전과 비교해 보면 어떤가? 불편함을 느낄 것이다. 아주 간단한 팔놀림에 관한 것이지만 습관을 바꾸는 것은 쉽지 않다.

문제를 해결하기 위해 과학 실험을 반복하는 연구자를 상상해보자. 연구자는 반복 실험을 하는 과정에서 불필요하다고 생각하는 절차가 있지만 기존의 방식을 따라간다. 습관화된 사고와 행동에 변화를 주고 싶지 않기 때문이다. 이렇게 반복 학습된 뇌에 휴식을 주면 어떤 일이 벌어질까?

### 멘탈 리허설

뇌는 실행 네트워크를 작동시키다가 멈추면 디폴트 모드 네트워크가 활성화된다. 이때 떠도는 마음이 작동한다. 주의가 실행 과제로부터 다른 주제로 옮겨간다. 이제 멘탈 리허설을 해보자. 정신적으로 특정 주제를 연습하는 것이다.

마음을 차분하게 한다. 주의를 자신에게로 가져가 본다. 자신이 변화시키고 싶어 했던 사고와 행동을 불러 온다. 처음에 원했던 것처럼 변화를 시도해 본다. 머릿속으로 원하는 것을 이루는 변화 시도를 상상하고 이미지를 그려본다. 어떤 상태인지를 느껴 본다. 그 느낌을 사고와 행동에 머무르게 한다. 이제 주의를 지금 여기로 가져온다. 멘탈 리허설에서 체험한 대로 현실에서 여러 차례 시도해 본다. 그리고 기존 방식에 변화를 시도해 본다.

이때 자동적으로 떠오르는 여러 생각들을 그대로 둔다. 몇 개의 생각이 서로 묶이는 것을 볼 수도 있다. 이 현상은 무의식처럼 일어난다. 자신도 모르게 자신이 해결하고 싶었던 문제에 대해 통찰적인 답을 얻을 수 있다.

## 정신과 상황의 통제를 줄이자

시선을 밖에 두고 현실을 보면 사회적으로 공유되는 가치는 목표 달성이다. 이것을 기준으로 행동과 결과를 평가하고 보상한다. 실행의 영역에서는 창의적인 생각을 근간으로 시작한 것이라고 해도 그 결과로 평가받는다. 이러한 환경에서 사람들의 정신 통제는 원하는 결과를 만들기 위해 필요한 요건이 된다. 사람들은 자신의 주의를 일에 집중하고 원하는 결과를 만드는 방향으로 정신을 통제한다.

정신 통제와 결과 평가가 중요하지 않는 마음의 영역이 있을까? 어떠한 잘못에 대해 염려하지 않고 자유롭게 생각하고 상상할 수 있는 영역이 있을까? 만일 있다면, 그 영역에서 우리는 어떤 인지적 능력을 발휘하고 어떤 느낌을 갖게 될 것인가?

사람들은 의식이 활성화되지 않은 상태인 꿈에서 일련의 시각적인 심상을 통해 자유로운 정신 활동을 체험한다. 꿈에는 후각, 미각, 청각, 운동 감각 등이 포함된다. 수면 상태에서 경험하는 꿈은 정신분석학자인 프로이드가 주장하듯이 인간의 욕망이나 공격성을 상징적으로 체험하는 것일 수 있다. 꿈은 자유로운 정신 활동으로 이루어지며 그 내용은 긍정적이거나 부정적이다. 따라서 꿈에서 깨어난 이후에 체험되는 느낌은 좋다-나쁘다와 같은 평가적인 요소를 포함하고 있다.

주의를 집중하지 않는 상태에서 꿈과 같은 자유로운 정신 활동을 체험하는 것은 공상이다. 어떤 목적이나 의도를 갖지 않은 상태에서 특정 주제에 대해 마음이 떠도는 것이다. 그러나 만일 현실 세계에서 결과를 평가하듯이 공상하는 목적이나 의도를 설정한다면 더 이상 공상은 아니다.

공상의 주된 내용은 긍정적이다. 지하철을 타고 이동하면서 현실과는 동떨어진 상상을 하면서 깊게 몰입할 수 있다. 긍정적인 상상을 하면서 자신도 모르게 입가에 미소를 짓기도 한다. 주위를 둘러보면 눈을 감고 있는 상태에서 혼자 미소를 짓거나 갑자기 눈을 뜨고 민망한 듯 주위를 살피는 사람을 볼 수 있다. 학창 시절에 공상에 취해 있을 때, 선생님의 호명을 듣지 못해 옆 자리의 친구가 어깨를 툭치는 느낌에 깨어난 경험을 했을 것이다. 일터에서 회의 도중 딴 곳에 주의를 기울이며 공상에 빠져 있다가 자신의 이름을 부르는 팀장의 목소리를 들으며 현실로 돌아 온 기억도 있을 것이다.

이와 같이 공상은 현재의 상태에서 주의가 이탈하여 일련의 긍정적이며 자유롭게 떠오른 한 가지 생각에 몰입해 있는 상태이다. 따라서 현실의 관점에서 보면 실행을 방해하는 요인이다. 공상이 현재 상태에서 유익하려면 바람이나 희망과 같은 결과지향의 심리적 요소를 가져야 한다. 이러한 희망과 바람은 내면적 요구에 의한 것으로 이에 대한 생각에 빠져있다면 환상fantasy이다. 그러나 모든 환상이 내적 동기요인을 가지고 있는 것은 아니다. 희망과 바람에 주의를 기울이면 환상은 사람들로 하여금 특정 행동을 자극하고 촉진시키는 힘을 갖는다.

환상과 공상, 떠도는 마음은 의도적인 통제가 약하거나 없는 상태에서 일어나는 정신 상태이다. 의도적인 통제가 강하게 작동하는 정신 활동은 목표지향적인 사고이다. 특정 목표를 달성하기 위해 높은 수준의 주의를 집중하면서 일련의 사고를 조정하고 관리하는 것이다. 이와 같이 의도적인 정신 통제와 결과에 대한 평가가 약하거나 없는 상황은 떠도는 마음이 작동하는 데 적합하다. 이러한 상황을 어떻게 만들 수 있을까?

### 떠도는 마음을 자극하는 상황 조성하기

현실에서 떠도는 마음에 영향을 미치는 상황을 다음과 같이 조성할 수 있다.

첫째, 다양한 관점을 취할 수 있는 상황을 만든다. 현실 과제에서 관점의 변화를 주면 집중하던 맥락 속성이 바뀔 수 있다. 이에 따라 관점 변화는 통찰을 자극하게 된다. 통찰은 기존에 관심을 갖고 있던 것을 이전보다 더 명료하게 이해하도록 돕는다. 사람들은 자신의 일을 창의적으로 재구성하며 사는 사람을 보며 긍정 에너지를 얻는다. 그 에너지원이 생활환경인 경우도 있다. 일터 또는 놀이터에 있는 자유롭고 창의적으로 생각하고 행동할 수 있는 공간이 그 예이다.

둘째, 과제를 수행하는 부담과 압박을 줄이고 휴식할 수 있는 여유를 준다. 이런 상황에서 생각이 자발적으로 떠오를 가능성이 높다. 사람들이 주의를 자신의 관심에 집중할 때 자발적인 생각을 갖는다. 자발적인 생각은 자신의 과거나 미래와 연결되는 경향이 높다. 따라서 이 생각에 빠지면 자신의 과거에 대해 성찰하고 자전적인 미래 설계를 한다.

그러나 기분이 가라앉은 경우 자발적인 생각은 자신의 마음을 독점하고 현재와 미래에 대해 불안해하고 행복감을 떨어뜨릴 수 있다. 자발적인 생각에 함몰되면 주위에서 쉽게 탐지할 수 있는 자극들도 인지하지 못해 자신을 위험에 빠트릴 수 있다. 대표적인 것으로 운전 사고를 내거나 길을 걷다가 발목을 삐끗하거나 돌 뿌리에 걸려 넘어 질 수도 있고 다른 사람들과 부딪칠 수도 있다.

셋째, 아무런 판단을 하지 않아도 되는 상황을 만든다. 코로나19 사태를 고려해 보면 밖보다는 집이 해당될 것이다. 어떤 사람은 혼자 있는 공간이나 이어폰을 귀에 꽂고 외부소음을 완전히 차단한 상태를 선호할 것이다. 사람들 각자가 선호하는 상황에서 공상과 같이 자유로운 상상과 이미지를 그려본다. 이러한 생각과 느낌은 창의적인 활동의 자원이 될 수 있다. 문학가나 예술가, 디자이너 등의 창작 활동과 혁신 활동을 하는 사람들에게 영감을 준다.

## 생각 파트너의 심리코칭
## ×
## 창의성을 자극하는 방법

떠도는 마음을 즐겨라. 생각을 떠돌게 하라. 당신의 뇌는 그 순간에 가장 창의적이다.

### 생각을 연결하고 통합하라

- 무수한 점을 이으면 선이 된다. 중요한 것은 점이 무엇인지 명확히 알아야 한다. 따라서 평소에 개별적인 생각을 명료화한다.
- 탐구질문을 일상에서 습관처럼 사용한다. 질문은 생각을 자극하고 연결과 통합에 필요한 심리 상태를 조성한다.

### 뇌에 휴식을 줘라

- 자신에게 맞는 휴식 환경에 머무른다. 계속된 집중은 몰입을 떨어뜨리고 생각의 연결을 방해한다. 몸과 마음을 소진하게 만든다.
- 스마트폰이나 메모지에 떠오르는 단상을 기록한다. 개인 블로그나 페이스북과 같은 SNS에 자신의 단상을 작성해 본다. 이러한 활동을 습관화 시킨다.
- 생각을 떠돌게 한다. 마음이 떠도는 순간에 생각은 폭발한다.

- 주의를 집중하기보다 분산시킨다. 정확하게는 주의를 기울이지 않는다. 명상을 통해 긴장감을 해소한다.

**시각과 관점을 바꿔보라**

- 통찰을 자극하는 질문이나 대화를 갖는다. 질문을 잘하는 친구를 곁에 둔다.
- 생각이나 문제해결에 진전이 없다면 한동안 옆으로 밀어둔다. 숙성된 생각에서 창의성이 나온다.
- 같은 생각에 집착하지 말고 맥락을 바꿔본다. 맥락이 바뀌면 관점이 바뀌고 생각의 내용이 다르게 보이고 다르게 해석된다. 창의성은 만드는 것이 아니라 때로는 일어나게 하는 것이다.
- 한 곳에 머무르지 말고 움직이고 이동한다. 그래야 시각과 관점이 달라진다. 높은 전망대에서 전체를 내려다보며 생각하는 '조망적 사고'를 자극해보자. 고층 건물에서 창밖을 본다. 차량과 사람들의 움직임에 의미를 부여해 보자. 다음과 같이 질문해 본다. "저 광경은 내게 무엇을 말하는가?" 떠오르는 생각을 통합해 통찰을 끌어내 보자. 연구에 따르면 나무에 오르는 것은 몸과 마음, 뇌신경을 동시에 자극한다. 연합과 통합은 창의성을 자극하는 효과적인 방법이다.

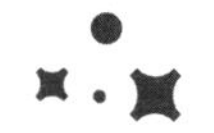

“여러 원재료의 속성을 다르게 배합하여 기존의 물적 속성을 뛰어넘는 새로운 생산원료를 만들어야 합니다. 이 제품을 처음 개발한 외국 업체는 원재료를 배합하는 공식을 가지고 있습니다. 생산과정에서 측정한 수율을 보면 그 공식이 정답입니다. 그런데 우리는 그 수율을 넘어서야 합니다. 그들이 연구개발 과정에서 사용한 모든 변수를 실험실에서 테스트했습니다. 변수의 조합과 비율도 바꿔 보았습니다. 그러나 여전히 답을 찾지 못하고 있습니다. 이 난제를 어떻게 해결할 수 있을까요?” 그는 문제해결에 온통 주의를 집중하고 있었다. 나는 그에게 ‘떠도는 마음’의 효과를 경험하도록 다음과 같이 질문했다.
“지금 당신은 어디에 묶여 있습니까?”

기존의 사고 틀에 묶여 힘들어 하는 40대 연구책임자

# 3장
# 변화의 힘으로 실행을 촉진시키자

외부 요구에 의한 삶의 변화는 불가능하다.
변화는 내면으로부터 나와야 한다.
—릭 워렌

떠도는 마음의 세 번째 속성은 가변성이다. 가변성은 변화에 적응하는 힘이다. 가변성은 사전적 의미로 일정한 조건에서 변할 수 있는 성질이다. 다시 말해 고정된 패턴을 갖지 않고 변동하며 변화하기 쉽다는 뜻이다. 떠도는 마음을 구성하는 생각과 느낌, 이미지 등이 상호작용하면서 새로운 자원으로 탈바꿈하는 가변성을 보인다. 가변성을 지닌 떠도는 마음은 사람들이 가지고 있는 변화의 힘이다. 떠도는 마음의 생산성을 높이는 방법은 변화의 힘으로 실행을 촉진시키는 것이다.

코칭에서 만난 한 임원은 자신이 맡은 부서의 리더들에 대해 불만이 많았다. 과제에 집중하다가 순간적으로 마음이 떠돌면 머릿속은 여러 생각들로 가득했다. 경력직원이라고 하기에는 직장인으로서 기본적인 태도와 자세가 부족한 사람, 업무 지시를 했는데 늘 이유를 대면서 업무를 지연시키는 사람, 자기주장만 하고 고집을 피우는 탓에 관리하기 어려운 사람 등 직원들에 대한 고민으로 머리가 복잡했다.

나는 그 임원에게 이러한 고민들의 공통점을 찾아보도록 요청했다. 공통점을 찾기 위해 자신의 리더십, 사업부 소속 리더와의 관계, 그리고 사업부의 시스템적인 요인 등 세 가지 관점을 제시했다. 그리고 순차적으로 각각의 관점에서 공통점을 찾아보도록 했다. 그는 자신의 리더십 관점에서 고민들을 들여다보는 순간 멈칫하며 놀라워했다. 그리고 그는 문제가 밖에 있는 것이 아니라 자기 자신에게 있다는 점을 알아차렸다. 그는 평소 사업부 리더들의 문제가 그들에 의해 자발적으로 해결되기를 바랐다. 상사로서 본인의 개입이 필요한 사항이 아니라, 리더들의 책임 범위에 있는 것으로 보았다. 그래서 늘 그들의 잘못으로 보고 원인을 그들에게 돌렸다. 기존에 떠도는 생각들이 자신의 리더십 관점에서 재해석되었다.

임원 코칭에서 편안한 대화 공간을 만들고 코칭 대상자와 신뢰 관계를 맺게 되면, 코칭 대상자가 마음속에 가지고 있던 생각들을 자연스럽게 의식의 수면 위로 끌어 올릴 수 있다. 마음이 떠돌면서 개별적으로 생각났던 관심 주제들에 묶이다 보면 전체적인 모습을 보지 못한다. 특히 업무가 과중하고 성과주의 문화가 강한 조직에서 이와 같은 현상을 쉽게 접하게 된다. 바쁜 업무에서 잠시 한발 물러나 주의를 내면으로 향하고 문제들을 의식으로 끌어 올려본다. 그리고 자신의 생각들을 관찰자의 입장에서 생각하면 그들 간의 관계성을 파악할 수 있다.

이 장에서는 떠도는 마음의 가변성을 소개한다. 떠도는 마음의 가변성이 갖는 인지 자원으로서의 기능, 맥락에 따라 변화하는 생각과 감정, 의식, 동기 등을 살펴본다.

# 떠도는 마음은 전략적 인지 자원

하루의 일상을 돌이켜 보자. 우리가 회의를 하거나 카페에서 차를 마시며 이메일을 보내거나 산책을 할 때, 우리의 마음은 하던 일로부터 다른 생각으로 계속 이동한다. 마음은 시간과 장소, 환경을 넘나들며 떠돈다. 이러한 특징은 떠도는 마음에 대한 부정적인 인식을 갖게 한다.

그러나 마음을 떠돌게 두지 않고 전략적으로 관리할 수도 있다. 2018년 폴 셀리Paul Seli와 동료들은 실험실 연구를 통해 사람들이 과제에 대한 성과를 떨어뜨리지 않으면서 떠도는 마음을 조절할 수 있다는 사실을 밝혔다.

기존의 실험실 연구에서 떠도는 마음은 과제의 난이도와 관련해 환경의 영향을 받았다. 실험 참가자는 쉬운 과제를 해결할 때 제한된 인지적 자원의 일부를 다른 곳에 사용할 수 있다. 따라서 주의를 과제에 집중하지 않고 자유롭게 다른 곳으로 이동할 수 있다. 이때 떠도는 마음이 쉽게 일어난다. 그러나 과제가 어려운 경우 인지적 자원을 대부분 사용하기 때문에 주의가 분산될 가능성이 낮다. 따라서 떠도는 마음은 일어나지 않고 과제 수행에 미치는 영향도 적다. 선행 연구에서 밝혀진 과제 난이도와 떠도는 마음의 상호관계이다.

셀리는 기존 연구가 사람들이 일상생활에서 주의를 집중하는 정도 보다 실험 참가자의 주의를 더 지속적으로 요구한다는 차이점을 발견했다. 그와 동료들은 재미있는 실험 도구를 개발했다. 아날로그시계로 20초 마다 12시를 가리키도록 제작했다. 실험 참가자들은 시계 바늘이 12시를 가리킬 때 마다 책상 위에 있는 장치의 버튼을 누르도록 지시받았다.

연구자는 실험 참가자들이 정확하게 버튼을 눌러 좋은 성과를 내도록 동기부여 차원의 성공 보너스를 주었다. 실험 과제는 단순한 규칙을 갖고 있기 때문에 참가자가 버튼을 누르는 때를 예측할 수 있다. 이 실험에서 참가자들은 마음이 떠돌 수도 있다는 안내를 받았고, 연구자는 총 20회에 걸쳐 무선으로 마음이 떠돌고 있는지를 측정했다. 떠도는 마음은 "과제 수행 중", "의도적으로 마음이 떠돌고 있다", "비의도적으로 마음이 떠돌고 있다" 중에서 선택하도록 했다. 이 때는 아날로그시계를 멈추게 했고, 참가자가 응답을 마치면 다시 시계를 작동시켰다.

참가자들의 떠도는 마음에 대한 결과는 흥미롭게 나타났다. 시계가 작동하고 5초 이내에 떠도는 마음을 보인 비율은 33%, 10초 이내에는 50%까지 증가했다. 이 연구에서 참가자들이 떠도는 마음을 경험한 시간의 크기는 실험 과제의 성과에 영향을 미치지 않았다. 또한 의도적으로 떠도는 마음을 경험한 비율은 비의도적으로 떠도는 마음을 경험한 비율보다 높거나 같았다.

이 결과를 통해 우리는 참가자들이 떠도는 마음과 성과가 무관하다는 사실을 알아차렸다고 해석할 수 있다. 다시 말해 참가자들이 자신의 제한된 인지 자원을 효과적으로 사용할 수 있다고 판단될 때, 떠도는 마음을 전략적으로 선택했다는 것을 뜻한다.

아날로그시계 실험은 연구자들이 가정한 대로, 실험 참가자들은 마음이 떠돌 때 실험 과제가 필요로 하는 수준의 인지 자원을 사용했다. 즉, 실험 참가자들은 가용한 제한 자원을 어디에 사용할지를 결정하는 통제 전략을 사용했다. 셀리와 동료들의 연구 방법은 사람들이 떠도는 마음을 조절할 수 있고, 떠도는 마음을 문제 해결이나 선행적으로 사고하는 과제 수행 등에 활용할 수 있는 길을 보여주었다.

### 의도적으로 떠도는 마음을 활용하라

셀리와 동료들의 연구는 인지과학 접근을 따른 것이다. 셀리를 포함한 과학자들은 사람들이 전략적으로 인지 자원을 사용할 때, 인지적 통제가 뇌의 활동에서도 나타나는 지를 검증했다(Golchert 등, 2017). 연구자들은 실험 참가자들이 경험하는 떠도는 마음을 의도적-자발적 특질 차원에서 측정했다. 의도적 경향 척도는 "나는 목적에 따라 마음이 떠돌도록 한다."와 같은 4개 문항이다. 자발적 경향 척도는 "나는 떠도는 마음이 자발적으로 일어나는 것을 알았다."와 같은 4개 문항이다.

연구자들은 떠도는 마음을 경험하는 참가자의 의도적-자발적 경향을 측정한 다음, 떠도는 마음이 작동할 때 활성화되는 뇌 부위를 기능적 자기공명 영상 functional magnetic resonance imaging (fMRI)으로 촬영했다. 참가자들의 떠도는 마음을 경험하는 경향과 뇌의 활성화 양상을 비교 분석했다.

주요 결과를 보면, 의도적으로 마음이 떠돌도록 허용하는 사람들은 자발적으로 나타나는 사람들보다 전두엽 부위가 두꺼웠다. 그리고 의도적 경험을 하는 참가자는 두 곳의 뇌 부위가 광범위하게 활성화되는 모습을 보였다. 한 곳은 디폴트 모드 네트워크 default mode network (DMN)로 기억에 있는 정보에 초점을 둘 때 활성화되는 뇌 부위이며 떠도는 마음이 작동할 때 활성화된다. 다른 뇌 부위는 정수리에 있는 두정부 네트워크 front-parietal network 로서 인지 통제 시스템의 일부이다. 두정부 네트워크는 초점을 안정화시키고 불필요한 자극을 억제하는 기능을 담당한다. 그리고 두 네트워크는 서로 밀접하게 연결되어 있다.

이상의 결과를 종합해 보면, 떠도는 마음이 작동할 때 인지 통제가 신경적으로 훼손되거나 인지 통제에 실패하였기 때문에 마음이 떠도는 것은 아니다. 사람들이 외부 환경에 주의를 기울이는 것과 기억에 주의를 기울이는 것을 뇌가 거의 구분하지 못한다는 점을 시사한다. 이러한 사실은 떠도는 마음이 과제 수행을 방해하는 정신 상태라는 지금까지의 해석을 반박하는 것이다. 또한 사람들이 의도적으로 자유롭게 떠도는 마음을 활용할 수 있다는 가능성을 보여준다. 뿐만 아니라 떠도는 마음에 대한 부정적 인식을 긍정적으로 전환시킬 수 있는 증거를 확인했다는 점은 의미 있는 사실이다.

### 사전 상황이 후속 생각의 내용을 바꾼다

1966년 심리학자인 앤트로버스Antrobus와 동료들은 위협적인 스트레스 상황이 자발적인 생각에 미치는 영향을 실험실 연구로 검증했다. 그는 실험에 참가한 사람들에게 실험을 진행하기 전에 잠시 대기실에서 기다려 줄 것을 요청한다. 실험 참가자들은 대기실에서 10분 동안 일기예보 등의 일반적인 내용을 전하는 라디오 방송을 듣는다. 연구자가 미리 녹음한 것이다. 이어서 방음 장치가 마련된 독방에 들어가 신호 탐지 실험에 대한 기본 안내를 받는다. 그리고 다시 대기실로 와서 휴식 시간을 갖는다. 이때 연구자는 상황을 조작한다.

실험 집단에 참가한 사람들은 라디오를 듣는다. 그런데 7분이 경과할

즈음 갑자기 방송이 중단되고 '긴급 속보'가 방송된다. 중국이 베트남에서 전쟁을 일으켰으며 미국이 이에 대응하기 위한 행동을 취하고 있다는 내용으로 정부의 공식 뉴스라는 것이다. 방송에는 구체적인 현지 상황과 미국 국방부 장관이 위기 경보를 발령했다는 내용 등이 담겨있다. 이어서 나머지 5분 동안 정규 방송을 듣는다. 이와 달리 통제 집단에 참가하는 사람들은 중단 없이15분 동안 음악을 듣는다.

휴식 시간을 마치고 두 집단에 참가한 사람들은 30회를 한 묶음으로 하여 5회차, 총 150회에 걸친 신호 탐지 실험을 마쳤다. 각 회 차가 끝날 때 마다 참가자들은 응답하기 바로 전에 생각한 것이 '과제 관련'인지 아니면 '과제 무관'인지를 선택했다. 이어서 처음에 라디오로 청취한 방송 내용이 담긴 질문지를 받고 내용의 진위에 대해 응답했다.

연구 결과를 보면, 실험 집단에 참가한 사람들은 통제 집단에 참가한 사람들 보다 실험 과제와 무관한 생각을 하는 빈도가 높았다. '과제 무관'의 내용을 분석해 보면, 실험 집단에 속한 참가자들은 긴급 속보를 듣고 절망, 걱정, 불안, 중국에 대한 분노 등을 보였다. 다시 말해 뉴스 내용이 그들의 떠도는 생각에 영향을 미쳤다.

실험 과제를 문제해결 과제로 보면, 긴급 속보는 예상하지 못한 상황과 내용을 포함하고 있다. 이러한 맥락은 실험 참가자가 과제에 집중했던 주의를 긴급 속보로 이동시켰다. 그 결과, 실험 과제와는 무관한 생각을 더 하게했다. 실험 참가자의 입장을 추론하면 "지금 일어나는 상황이 도대체 뭐지? 이 상황에서 어떻게 대응해야 할까?" 등을 생각하며 합리적인 문제해결을 위한 멘탈 리허설을 했다. 특히 수행 결과에 따른 보상을 주면 이러한 멘탈 리허설를 더 수행한다. 이와 같이 예상하지 못한 상황 변화와 실험 참가자의 리허설은 후속 과제 수행에 부정적인 영향을 미쳤다.

종합해 보면, 실험 전에 조작된 위협적인 스트레스 상황이 실험 참가자들이 실험에 참가하는 동안 경험한 떠도는 생각에 영향을 미쳤다. 실험집단 참가자는 통제집단 참가자보다 '실험 과제와 무관한 생각'을 더 많이 했다. 실험과제와 무관한 생각은 바로 떠도는 마음을 나타내는 지표이다.

따라서 우리는 이 연구를 통해 상황이 일반적인 예상과 다를 때 그 인식 차이는 떠도는 생각을 자극한다는 것을 알 수 있다. 이러한 상황 인식에 차이가 커지면 사람들은 일반적인 문제해결을 위한 마음의 준비 태세와는 다른 준비 태세를 갖게 된다. 이 같은 준비 태세는 이후에 유입되는 정보를 처리하는 틀이 된다.

# 감정에 따라 변하는 생각과 성과

일상에서 누군가로부터 질책을 들었을 때, 그때의 감정이 이후 일어나는 사건에 지속적으로 영향을 미치는 사실을 경험으로 알고 있다. 타인의 질책이 만든 감정이 인식 틀이 되어 이후 경험하는 느낌과 생각을 왜곡시킨다. 이와 같이 떠도는 마음은 당시 상황과 환경 자극에 의해서 변화한다. 실험 상황에서 일시적인 기분을 조작했을 때 기분은 연쇄적으로 영향을 미친다. 즉, 기분은 생각에 영향을 미치고 생각은 과제 수행에 영향을 미친다(Irrmischer 등, 2018).

불안한 수험생은 불안하지 않은 수험생 보다 시험 성적이 낮게 나온다. 그 이유는 두 사람이 불안을 처리하는 방식이 다르기 때문이다. 불안한 수험생은 그렇지 않은 수험생보다 불안 정보를 선택적으로 처리하면서 불안한 생각을 더 한다. 다시 말해 불안에 몰입한다. 이 과정에서 시험에 관련이 있는 정보와 관련이 없는 정보를 명확하게 변별하게 된다.

불안이 시험에 직접적인 영향을 미치는 과정을 보면 불안은 불안한 생각을 활성화시킨다. 이어서 불안한 생각에 포함된 시험과 무관한 정보들이 의식에 떠오르고 불안 의식은 시험에 부정적인 영향을 미친다. 여기서 시험과 무관한 정보란, 시험에 기울인 주의가 딴 데로 돌려지며 생겨난 생각이다. 바로 떠도는 생각이다. 이와 같이 마음이 떠돌면서 시험과 무관한 생각들이 시험의 방해 요인으로 작용한다.

### 일시적인 기분의 영향

일시적인 기분 mood이 긍정, 부정, 긍정도 부정도 아닌 중립 상태일 때, 각각의 기분은 생각과 성과에 어떤 영향을 미칠 것인가? 1991년 심리학자인 세이버트 Seibert와 엘리스 Ellis는 일시적인 기분이 생각과 인지적 과제 수행에 미치는 영향을 알아보기 위해 실험에 참가한 사람들의 기분을 조작했다. 실험에 참가한 사람들을 세 가지 조건 중 하나에 규칙 없이 배치시켰다. 모든 조건의 참가자들이 실험실에 도착하면 모니터를 보도록 한 다음 세 가지 단어 조합 중 하나를 보여주었다. 행복을 자극하는 단어, 슬픔을 자극하는 단어, 중립적인 단어이다.

이어서 참가자는 7장의 카드를 받았다. 각각의 카드에는 1개의 단어가 있는 데 문자의 배열이 섞여있다. 참가자는 총 6묶음의 카드를 받았다. 실험 과제는 2분 안에 각 카드에 있는 글자를 단어가 되도록 배열하고 그 단어를 암기하는 것이다. 따라서 참가자는 총 42개의 단어를 만들어 암기해야 한다.

참가자가 총 42개의 단어를 암기하는 동안 연구자는 참가자에게 마음속에 떠올랐던 생각을 모두 회상해 보도록 요청했다. 이어서 빈 카드를 10장을 나눠주고 카드 당 1개의 생각을 적도록 했다. 참가자는 생각을 카드에 모두 적은 후, 카드에 있는 내용이 과제와 관련성이 있는 정도를 4점 척도(높다, 다소 높다, 다소 낮다, 낮다)로 평가했다.

연구자는 세 조건의 참가자들이 과제와 무관한 생각을 한 비율과 42개 단어의 회상율 간의 관계를 분석했다. 자료를 분석한 결과, 과제와 무관한 생각의 비율이 클수록 회상율은 낮았다. 그리고 행복 조건과 슬픔 조건에 있는 참가자의 회상율은 중립 조건에 있는 참가자의 회상율 보다 낮았다.

이상의 내용을 요약해 보면 정서는 생각의 수행에 영향을 미쳤다. 행복과 슬픔은 모두 과제와 관련된 생각과 무관한 생각을 하도록 영향을 미쳤다. 무관한 생각은 단어의 회상을 방해했다. 반면에 중립적인 조건에서 생각은 관련된 생각과 무관한 생각으로 분화되지 않았고 단어 회상에 영향을 미치지 않았다.

사람들이 과제 해결에 주의를 집중할 때 행복과 슬픔은 그들의 생각에 영향을 미쳤다. 행복 또는 슬픔을 느낄 때 순간적으로 주의가 떠돌면서 과제 수행과 무관한 생각들이 마음에 떠올랐다. 마음이 떠돈 것이다. 일시적인 기분이지만 행복과 슬픔은 과제에 집중했던 주의에 영향을 미쳤다.

### 동영상으로 유발된 기분의 영향

일시적인 기분을 동영상으로 유발시킨다면 기분은 생각과 과제 수행에 어떤 영향을 미칠까? 2009년 스몰우드[Smallwood]와 동료들은 실험에 참가하는 사람들의 기분을 유발시키기 위해 서로 다른 동영상을 5분간 보여주었다. 긍정 기분은 유머가 있는 시트콤을 편집한 동영상, 부정 기분은 병든 개의 이야기를 담은 동영상, 중립적인 기분은 자연 다큐멘터리 동영상이다. 연구자는 실험에 참가한 사람들을 세 가지 기분 조건에 규칙 없이 배치했다. 이어서 컴퓨터 모니터를 보고 연구자가 지시한 특수 기호("=")가 나타나면 키보드를 누르지 않고, 다른 기호("O")가 나타나면 키보드를 누르도록 했다. 연구자는 키보드를 누르는 반응 속도와 정확도를 측정했다. 총 256회를 실시했으며 특수 기호를 보여주는 회수는 그 중에 20회였다.

연구자들은 참가자가 과제를 수행하는 동안에 어떤 생각을 했는지를 알아보기 위해 설문지를 사용했다. 선행 연구에서도 사용되었으며, 신뢰받은 설문지로 스트레스 상태를 측정하는 질문지[Dundee Stress State Questionnaire]

의 내용 중 생각을 측정하는 16개 질문을 사용했다. 이 질문은 현재 하고 있는 과제와 무관한 것을 질문하는 8개 문항(예: "걱정에 대해 생각했다.", "오늘 오전에 일어난 일을 생각했다.")과 행동을 방해하는 인지에 대해 질문하는 8개 문항(예: "보다 조심스럽게 과제를 해야겠다고 생각했다.", "나의 능력 수준을 생각했다.")이다.

이 연구에서 부정적 기분 조건의 참가자들은 긍정이나 중립의 조건의 참가자들 보다 기호 식별을 하는 과제에서 오류를 보였고, 긍정과 중립 조건 간에는 차이가 없었다. 부정적인 기분이 과제 수행의 정확도를 떨어트렸다. 긍정과 중립 조건의 참가자들은 기호 식별 과제를 하면서 반응의 정확도를 높이기 위해 반응 시간을 조율하는 모습을 보였지만, 부정 기분 조건의 참가자는 이러한 행동을 보이지 않았다. 긍정과 중립 기분 조건의 참가자는 부정 기분 조건의 참가자들보다 과제에 집중했다. 과제를 수행하는 동안 어떤 생각을 했는지에 대한 응답을 보면, 세 기분 조건의 참가자들은 모두 과제 수행을 방해하는 생각보다 무관한 생각을 했다.

이 연구에서 주목할 것은 부정 기분 조건의 참가자들은 긍정과 중립 조건의 참가자들 보다 방해하는 생각과 무관한 생각을 했고, 통계적으로 유의미한 차이를 보였다는 점이다. 다시 말해 부정 기분 조건의 참가자들은 다른 집단의 참가자들 보다 기호 식별 과제에 주의를 기울이지 않고, 자신의 관심 사항에 대한 생각이나 무관한 생각을 했다는 것이다. 두 생각은 모두 떠도는 마음이다. 이 결과는 부정 기분 조건일 때 떠도는 마음이 작용했다는 것을 보여 준다.

### 긍정과 부정적 정서는 마음을 떠돌게 한다

정서는 다양한 방식으로 인지 과정에 영향을 미친다. 정서와 인지를 기능적 자기공명 영상으로 측정한 330편의 연구를 메타 분석한 결과에서, 정서 유발은 뇌의 내측 전전두medial prefrontal 영역을 미세하게 활성화시켰고 인지 과제는 작업 기억을 저장하는 배외측 전전두dorsolateral prefrontal 영역을 활성화시켰다. 그리고 두 활성화 영역이 서로 중복되는 양상을 보였다(Steele와 Lawrie, 2004).

이와 같이 정서와 인지는 불가분의 관계이다. 중립적인 정서는 긍정이나 부정적인 정서일 때 보다 문제해결에 필요한 생각과 행동을 하는 데 안정된 심리 상태를 갖게 한다. 과제를 수행할 때, 긍정이나 부정적 정서는 마음을 떠돌게 할 가능성이 높다. 과제를 수행하면서 자기 관심에 주의를 기울이면 마음이 떠돈다(Klinger, 1999).

과제와 무관한 생각은 과제의 수행을 방해한다. 무관한 생각이란, 곧 떠도는 마음이다. 떠도는 마음이 과제 수행을 방해하는 결과는 실험에 참여하는 동안 주의를 지속적으로 유지해야 하는 실험 설계와 방법을 사용한 연구에서 공통적으로 나타난 현상이다. 따라서 떠도는 마음이 성공적인 과제 수행을 방해한다는 것은 실험실 연구라는 특수 상황에서 관찰된 것으로 일반화하는 것은 한계가 있다. 오히려 다양한 상황에서 떠도는 마음을 연구할 필요성을 보여준다.

### 떠도는 마음: 방치하면 잡생각. 관심두면 좋은 생각

사람들은 자신의 삶에서 중요한 시험을 보게 된다. 시험에서 좋은 성적을 얻는 방법은 감정에 동요되지 않고 차분한 마음을 갖는 것이다. 심호흡이나 명상은 이러한 정신 상태를 갖는 데 도움을 준다.

중차대한 상황에서 떠도는 마음을 그대로 두면 잡생각이 된다. 잡생각이 되면 과제 수행을 방해한다. 따라서 떠도는 마음을 자기 자신의 관점에서 판단하고 평가하는 것이 바람직하다. 떠도는 마음속 생각을 긍정적으로 보자. 기회의 자원으로 보자. 떠도는 마음의 내용을 바꿀 수 있다. 다음과 같이 질문해 보자.

떠도는 마음을 달리 본다면 가능한 것은 무엇인가?

떠도는 마음에 숨겨진 가치는 무엇인가?

떠도는 마음에 묶임으로써 내가 놓치고 있는 것은 무엇인가?

떠도는 마음은 내게 무엇이라고 말하고 있는가?

## 주의는 집중 상태, 떠도는 마음은 비집중 상태

마음이 떠도는 것은 주의가 새로운 곳으로 이동했기 때문이다. 마음이 떠돌 때 주의도 내부 자극과 외부 자극에 반응을 번갈아 보인다. 그 반응의 모습은 파도가 치는 양상이다. 신호탐지과제sustained attention to response task 실험에서 실험 참가자들의 주의와 반응 속도를 뇌파로 측정해 보면 주의가 파도를 치는 것 같다. 주의를 기울이면 반응 속도가 빨라지고, 주의를 기울이지 않으면 반응 속도가 늦어진다. 신호탐지 과제에서 실험 참가자들이 주의를 지속하는 시간은 2.5초에서 10초 사이이다. 주의 집중을 지속하기가 쉽지 않다.

마음이 떠돌면 주의력은 상대적으로 약화된다. 떠도는 마음에서 주의가 이동할 때 뇌의 디폴트 모드 네트워크default mode network(DMN)와 배측 주의 네트워크dorsal attention network(DTN)에서 각각 활성화되는 양상으로 알 수 있다. 마음이 떠돌면 DMN은 활성화되고 DTN은 비활성화 된다. 동시에 뇌의 진동파를 보면 느린 리듬의 세타theta와 델타delta 활동은 증가하였고, 빠른 리듬의 알파alpha와 베타beta 활동은 감소했다(Braboszcz와 Delorme, 2010). 이와 같이 뇌의 진동파와 뇌 부위 활성화 양상을 통해 주의와 떠도는 마음은 서로 밀접하게 연결되어 있다는 사실을 알 수 있다.

### 주의력은 생존 본능의 촉수이다

마음이 떠돌아도 외부 환경으로부터 오는 자극에 반응하는 주의력이 손상되지는 않는다. 다시 말해 우리가 내면의 정신세계에 몰입하는 순간에도 외부 변화를 모니터링하면서 환경 자극을 적절하게 처리할 수 있는 주의 능력을 남겨두고 있다. 다른 과학자들도 이러한 현상을 검증했다(Kam 등, 2013). 실험 참가자들이 인지과제를 수행하는 과정에서 그들의 마음이 떠돌았지만, 참가자의 의지에 의하거나 자동적으로 처리하는 데 필요한 시각과 공간에 대한 주의력은 감소했다. 그러나 비정상적이거나 예기치 않은 감각적인 정보를 민감하게 처리하는 데 있어 청각 정보를 처리하는 정도의 주의력은 유지했다. 즉, 환경 변화에 적응하는 기제는 늘 작동하고 있다.

### 부정적 감정은 주의력을 마비시킨다

사람들이 긴 시간 동안 주의를 집중하기 위해서는 그만큼 노력해야 한다. 그러나 중요한 시험, 경쟁이 치열한 경기, 위급한 상황 등은 이미 환경 자체가 높은 수준의 주의를 필요로 한다. 심리적으로도 주의를 집중해야 할 때가 있다. 바로 부정적 감정에 휩싸이는 경우이다. 부정적 감정에 묶이게 되면, 사람들은 이성적이고 합리적인 사고를 하는 존재에서 외부 자극이나 내부 자극에 즉각적으로 반응하는 파충류의 모습을 보인다. 부정적 감정에 휘둘리면 그 감정의 고리에서 빠져 나오기 어렵다.

부정적 감정이 촉발되면 상황을 객관적으로 해석하지 못하고 주관적으로 해석한 '자기 이야기'에 따라 외부에 대응한다. 흔히 자기의 관점에 묶여 자기중심적으로 해석하고 소통과 행동하는 모습을 보인다. 흔히 '혼자 소설을 쓰고 있다'고 비유적으로 말한다. 이때 소설이 바로 자기 이야기를 말하는 것이다. 주의의 관점에서 떠도는 마음을 보면 격랑에 요동치는 마음과 같다(Henríquez 등, 2016).

이러한 상황에서 주의는 부정적 감정에 따라 흘러갈 가능성이 높고, 부정적 감정에 오랜 시간 휩싸인 사람은 주의력을 잃기 쉽다. 감정은 생각에 영향을 미치고, 생각은 행동에 순차적으로 영향을 미친다. 감정에 휩싸이면 떠도는 마음은 새로운 생각을 계속 생산하지 못하고 감정이 만든 생각에 의존하게 된다. 안정된 생각과 느낌을 균형 있게 갖기 어렵다. 부정적 감정과 떠도는 마음이 행동에 미친 역동적인 관계를 탐구한 연구 결과를 보면, 부정적 감정이 성공적인 문제해결이나 성과 향상을 방해한다는 것이다.

# 지루함의 숨은 힘, 동기부여

지루함boredom은 바람직하거나 기대하는 것이 있는 데 이전과 동일한 상태가 변화 없이 지속되고, 시간이 걸리는 탓에 따분하고 싫증이 나는 심리 상태이다.

사람들이 지루함을 느끼는 상황에는 몇 가지 심리가 작동하고 있다.

첫째, 지루함은 원하는 자극과 그것을 충족시키는 자원이 현실적으로 유용하지 않을 때 체험되는 불일치이다. 예를 들면 행복감을 원하지만, 그 정서가 제대로 채워지지 못한다면 지루함을 느낀다. 지금 재미있고 유쾌하고 활동적인 상태를 원하지만, 정서와 인지 그리고 활동이 단조로우면 지루함을 느낄 것이다. 환경적 요구나 내부적 요구와 관계없이 해당 요구가 채워지지 않으면 지루함을 느끼게 된다.

둘째, 지금의 접근 방식으로는 해법을 찾을 수 없다는 인식을 바탕으로 그동안의 반복된 해결 노력을 지켜볼 때 지루함을 느낀다.

버트런드 러셀Bertrand Russell은 지루함을 이겨내는 능력은 행복한 삶을 사는 데 필수적이라고 말했다. 시나 소설을 쓰고 그림을 그리고, 작곡을 하는 창작 활동은 모두 반복적이다. 반복이 완성을 만든다. 축구, 골프, 야구 등의 모든 운동에도 반복성이 있다. 반복은 지루함을 수반하지만 지루함을 이기며 반복을 지속할 때 원하는 능력을 키우고 원하는 결과를 얻을 수 있다.

셋째, 통제 활동에 집중되었던 주의가 옮겨가는 순간, 떠도는 마음에 담긴 느낌과 생각이 지루함이다. 정신적 통제 이론에 따르면(Wegner, 1994; 1997), 완전히 통제하려는 정신 활동을 할 때 정신의 다른 편에서는 제대로 통제를 이루어 낼 수 있는 지를 모니터링 한다. 통제 활동에 주의를 집중했다가 성공적으로 결과를 만들지 못할 기미가 보이면, 그 과정을 모니터링 하는 활동에 주의를 기울인다. 주의가 옮겨가는 순간에 떠도는 마음은 지루함으로 가득 찬다.

### 지루함의 긍정적 속성

지루함으로 채워진 떠도는 마음은 어떻게 기능할까? 마음이 떠돌 때 사람들의 개인적 관심은 의식에 떠오르고 기억으로부터 자신의 과거를 불러 오거나 자신의 미래에 대해서 생각한다. 일을 해결하는 데 집중했던 뇌의 실행 영역들은 덜 활성화되고 디폴트 모드 네트워크를 중심으로 활성화가 이루어진다.

놀라운 점은 지루함이 떠도는 마음을 따라 이동하면서 새로운 목표를 향해 가도록 우리를 움직인다. 지루함을 느끼고 있던 사람은 지루한 일을 반복하지 않고 새로운 주제에 관심을 갖는다. 이때 지루함은 우리로 하여금 새로운 주제를 찾아 관련 목표를 달성하도록 동기부여를 한다. 지루하게 느껴지는 지금 여기를 떠나 마치 공상을 꾸는 것과 같다.

2014년 샌디 만Sandi Mann과 레베카 캐드먼Rebekah Cadman은 지루함의 긍정적 기능을 알아보기 위해 두 개의 실험을 연속으로 진행했다. 샌디는 첫 번째 실험에 참가한 사람들을 실험 집단이나 통제 집단에 규칙 없이 배치했다. 실험 집단에 속한 사람들은 20분간 전화번호부에 있는 전화번호를 그대로 빈 종이에 옮겨 적은 단순 반복적인 일을 했다. 통제 집단에 속한 참가자는 이 과제를 수행하지 않았다.

이어서 두 집단의 참가자들은 두 개의 컵을 가지고 할 수 있는 용도를 가능한 많이 적었다. 예를 들면 화분, 모래 담는 장난감 등이다. 실험 결과를 보면, 통제 집단 보다 실험 집단에 참가한 사람들이 더 많은 용도를 적었다. 지루한 일을 한 사람들이 그 일을 하지 않은 사람들 보다 더 생산적으로 일을 한 것이다. 도대체 어떤 일이 일어난 것일까?

샌디와 레베카는 일의 지루함 정도를 더 높이는 실험을 진행했다. 기존의 통제 집단과 전화번호부를 옮겨 적는 실험 집단에 하나의 실험 집단을 더 추가했다. 세 번째 실험 집단의 참가자에게 전화번호를 쓰는 대신 전화번호부를 소리 내어 읽도록 했다. 그리고 종이컵의 용도를 적게 했다. 새로 추가된 실험 집단에 참가한 사람들은 전화번호를 옮겨 적는 참가자들보다 더 창의적으로 다양한 용도를 생각했다.

연구자들은 지루한 사람이 그렇지 않은 사람보다 더 창의적으로 생각했다고 결론 내렸다. 창의적 과제를 수행하는 상황에서 지루함이 참가자들로 하여금 과제의 목표를 달성하도록 동기를 부여했다. 지루함은 사람들이 싫어하고 불쾌해 하는 경험이지만, 현실의 삶을 잘 살아가기 위해서는 필요한 것이다. 또한 사람들이 자신의 삶을 지키고 보존하고 자기 자신을 지키고 방어하는 데 꼭 필요한 감정이다.

개인의 삶이나 기업 경영에서 흔히 사용되는 화두가 있다. '위기는 기회다.', '역경을 쌓으면 경력이 된다.' 각 개념은 이중성을 가지고 있다. 한 면은 부정적이고 다른 면은 긍정적이다. 이와 같은 논리로 '지루함은 동기를 부여한다.'고 말할 수 있다.

### 지루함을 못 견디고 못 봐 주는 사회

현대 사회의 특징은 다양성이다. 무엇이 좋다-나쁘다의 평가적인 속성보다 이것과 저것은 다르다는 질적 속성이 차별적 가치와 의미를 갖는다. 이러한 사회에서 진정한 차별성은 진정한 독특성에서 나온다. 진정한 독특성은 다른 것을 모방하지 않는 자기다움에 있다. 그러나 자기다움을 안다는 것은 쉬운 일이 아니다. 자기다움이란, 내면의 모순을 스스로 찾아 해결하는 지단한 과정과 결과를 드러내는 것이다. 이와 같이 자기다움을 이해하고 표현하고 상징하는 노력에는 반복성이 있다. 이 반복성을 이겨내지 못할 때, 자신을 타인의 기준에 맞추게 된다.

가면증후근impostor syndrome이 대표적이다(Clance & Imes, 1978). 이 현상은 다른 사람들보다 뛰어난 성취를 이루었지만 정작 본인은 그것을 내적으로 경험하지 못하고 자신을 지적이지 않다고 생각하는 것이다. 오히려 자신은 다른 사람을 기만하는 능력을 보이는 사기꾼일 수 있다고 믿는 심리현상이다.

이러한 병리현상은 특히 사회적 성취를 이룬 여성에게서 주로 일어난다. 그들은 사회적으로 형성된 여성의 성(性) 역할에 대한 고정관념에 묶여 있다. 자신 자신의 성취를 우연에 의한 것이거나 과대평가된 것으로 본다. 이러한 현상이 일어나는 이유는 무엇인가? 가면증후군을 가진 여성은 어린 시절에 가족 내에서 영특하고 사회성이 높다고 인정받았다. 그러나 가족들이 지적 능력을 중시하는 입장을 계속 취하면 그 입장에 부응하지 못 할 가능성이 높다. 이러한 경험이 성장 과정에서 반복되면, 가족의 시선을 기준으로 자신의 성취를 저평가한다. 이러한 저평가는 '여성은 능력이 부족하다'는 사회적 성(性) 역할에 대한 고정관념과 일치한다.

성취의 과정에서 능력 있는 여성은 목표를 이루려는 노력으로 지루함을 극복할 가능성이 높다. 지루함은 부정적 정서지만, 성취를 이룬 사람은 동기부여 요인으로 사용한 경험을 갖는다. 이로 인해 다른 사람이 지루함을 보이는 것을 동기나 일에 대한 열정, 일에 대한 주의 의식이 부족하다고 지각할 수 있다. 자신이 그렇게 했기 때문이다.

## 리더는 구성원의 지루함을 읽어야

리더 자신이 지루하지 않다고 직원도 그렇게 느낄 것으로 생각하거나, 지루해하지 말아야 한다는 생각은 잘못이다. 일에 몰입하다가 반복된 시도에도 개선이 없을 때 직원은 지루함을 느낄 수 있다. 일에 집중되었던 직원의 주의는 다른 주제로 이동하며 마음이 떠돌게 된다. 직원들의 떠도는 마음을 생산적인 방향으로 끌고 가야 한다. 리더의 주된 역할은 성과를 낼 수 있는 업무 환경을 조성하고, 구성원을 몰입하도록 도와야 한다. 직원의 지루함에는 직원 본인 탓도 있겠지만, 리더로서 자신의 역할을 돌아보는 것도 지혜로운 대처법이다.

자녀의 성장에서 부모들의 눈에 쉽게 띄는 모습은 자녀가 따분해 하고 지루함을 보이는 것이다. 교육열이 높은 부모는 노는 아이를 보면 학원으로 보낸다는 말이 있다. 노는 것을 눈뜨고 못 봐 주는 것이다. 자녀가 노는 것을 휴식이나 건강관리가 아니라 나태라고 본다. 학업 성적을 중시하는 부모에게 자녀가 공부하는 모습은 부모의 시름을 잊게 한다.

부모의 눈으로 자녀를 보지 말고 자녀의 눈으로 자녀를 보아야 한다. 자녀가 지루해 하는 것은 무엇 때문일까? 혹시 부모 때문은 아닐까?

다른 사람에게 영향력을 가진 사람은 이것을 꼭 기억해야 한다.

'지루함은 동기부여의 에너지원이다.'

## 긍정 에너지의
## Burnout(번아웃) 차단하기

그는 지금 일을 그만 두거나 업무량이 적은 팀을 찾아보려고 고민 중이다. 첫째를 출산하고 업무에 복귀하였을 때만 해도 업무 현장감을 놓치지 않고 있다고 생각했다. 일에 대한 열정과 업무 추진력은 스스로 평가해도 최상위 수준이었다. 사실 그가 둘째를 출산하기 위해 휴가를 신청할 때, 상사는 팀장 자리를 비워둘 것이니 걱정하지 말라고 격려해 주었다. 주위 사람들의 응원과 지지가 가능했던 것은 자신의 직무 역량과 성과 리더십, 성공적인 조직관리에 있다고 자평했다.

지금 몸 상태는 회복되었다. 그러나 업무 상황의 변화를 읽고 최선의 의사결정이 이루어지도록 소통하는 능력은 예전만 못했다. 아무리 생각해도 이전만큼 상황을 장악하고 업무성과를 내는 데 어려움을 느꼈다.

옆 부서의 동료가 "요즘 어때? 할 만하지?"라고 지나가며 던진 말이 귓

가에서 맴돌았다. 어느 날 그도 자신에게 똑같은 질문을 해 보았다. 예전 같으면 웃으면서 싱거운 말을 한다고 했을 것이다. 그러나 지금은 그 질문에 대한 답을 찾고 있는 자신의 모습을 보고 놀랐다.

이와 같은 상황에서 필요한 것은 "왜 나는 지금과 같은 방식으로 상황을 인식하고 느끼는가?"에 대한 답을 찾는 것이다. 사람들은 스스로 답을 찾을 수 있다. 그러나 자신의 관점에 묶여 있는 경우, 같은 답을 반복해서 생각하기 쉽다. 일정 시간이 지나도 새로운 답을 찾지 못하면 무기력해진다. 무기력이 쌓이면서 긍정 에너지가 방전되고 새로운 에너지를 충전하지 못하면 결국 소진된다. 정신적으로나 신체적으로 무기력한 상태인 번아웃burnout을 겪게 된다.

### 일을 보는 관점을 바꿔야 한다

기존의 번아웃은 스트레스 징후였다. 세계보건기구WHO는 2019년 5월 28일 홈페이지를 통해 번아웃을 '일터에서 발생하는 직업 현상'으로 특정하고, 만성적인 스트레스를 극복하지 못했을 때 나타나는 징후로 보았다. 번아웃의 특징을 크게 세 가지로 정의했다.

- 에너지 감소와 소진의 느낌
- 자신의 일로부터 정신적 거리감, 거부감, 비관적인 생각의 증가

- 전문적 효능감의 감소

그는 번아웃 상태는 아니지만 세 가지 모두에 공감했다. 사람들은 객관적인 사실보다 자신의 주관적인 생각을 더 신뢰하고 그에 따른 느낌을 갖고 행동한다. 다시 말해 자신의 관점에 묶여있다. 그는 둘째를 낳기 전까지만 해도 일에 몰입하고 일중독자처럼 직장생활을 했다. 일과 자신의 삶을 동일시했다. 지금은 그때의 마음이 약화되어 있다. 몸이 피곤할 때, 일에 집중되었던 주의가 잠시 떠나는 순간 그의 마음은 떠돌기 시작했다. 흔히 말해 머릿속이 오만 가지 생각으로 복잡하고, 그러한 자신의 모습을 보면 의욕이 떨어졌다.

### 리더는 구성원의 번아웃을 읽어야

리더가 조직운영을 하면서 성과가 기대만큼 나오면 자신의 리더십이 바람직한 것으로 생각한다. 성과가 낮고 자신의 잠재성을 제대로 발휘하지 못하는 직원은 무능하다고 내친다. 성과가 낮은 직원이 시간을 효과적으로 관리하지 못하고 권태로운 모습을 보이면 실망하기 쉽다. 직장인이라면 당연히 가져야 하는 기본적인 자세와 태도를 보이지 않는 직원을 자기관리에 문제가 있는 것이라고 판단한다. 직원들이 보이는 지루함의 원인에 대해서는 궁금해 하지 않는다. 오히려 리더는 자신의 사고와 행동이

옳다는 논리에 묶이게 된다.

성과가 좋은 직원에 대해서는 어떻게 생각할까? 성과가 좋은 직원은 직무 역량뿐만 아니라 기본적인 태도를 갖추었다고 본다. 일에 치열함을 보이고 자기관리도 철저하게 하는 것을 관찰할 수 있기 때문이다. 그러나 이러한 자기인식에 묶이다 보면 놓치는 것이 있다. 바로 자신이 믿고 있던 고성과高成果 구성원이 소진되고 있는 마음의 변화이다. 리더가 성과의 눈으로만 구성원을 보다 보면 그들의 마음에서 일어나는 변화를 읽지 못한다. 성과가 좋은 직원은 일터에서 권태를 보이지 않을 것으로 가정한다.

결국 일정한 시간이 경과되면 고성과 직원은 '왜 나만 부려먹느냐'고 속으로 불평을 하게 된다. 리더가 이 불평을 읽지 못하면, 나중에는 능력 있는 고성과 구성원의 이직이나 전직을 경험하게 된다. 그렇게 믿고 의지했던 구성원들의 행동에 배신감을 느낀다면, 그 리더는 일 할 줄은 알지만 사람은 다룰 줄 모르는 반쪽 리더이다.

## 소중한 것의 재발견

리더의 관점을 전환시키는 데 도움이 되는 네 가지 질문을 개발하여 자신을 객관적으로 살피도록 했다. 나는 이 질문을 '소중한 것의 재발견'이라고 이름 붙였다(이석재, 2014. 59쪽).

### 질문 1. 당신은 어디에 묶여 있습니까?

그는 나의 질문을 받고 곰곰이 생각했다. 자신이 지금 경험하고 있는 마음의 불안에는 분명히 이유가 있을 것이다. 출산 후 업무에 복귀하면서 생활환경이 바뀐 것도 하나의 이유일 것이다. 그러나 더 깊게 생각해 보면 근본적인 이유가 있을 것이다. 그는 자신의 생각만으로 답을 찾는 것은 한계가 있다고 생각했다. 주관적인 생각으로는 자문자답의 형식이 되고, 자신에게 인식의 전환이 되는 계기를 만들기는 어려울 것이라고 생각했다.

그의 요청에 따라 관점 코칭 대화를 갖기로 하고 진행 방법을 소개했다. 먼저 대화의 주제를 정한다. 서로의 대화가 일어나는 내용의 범위를 정하고, 대화 내용을 초점화시키는 것이다. 그는 나의 질문에 힌트를 얻고, '상자 밖으로 나가기'로 정했다. 이어서 그 주제에 대해 어떤 관점을 가지고 있는지 알아보았다.

나는 그에게 "주제를 바라보고 어떤 생각을 합니까?"라고 질문했다. 그의 답이 나오면 어떤 느낌을 갖는지도 물어 본다. 주제에 대한 생각과 느낌을 나누면서 그로 하여금 자신의 관점을 요약해 보도록 대화를 이끈다. 그리고 요약한 것에 이름을 붙이도록 한다. 그는 '상자 밖으로 나가기'에 대해 자신이 지금까지 생각하고 느낀 것을 정리하고 '새로운 도전'이라고 이름을 붙였다. 그는 이어서 자신의 생각을 말했다. 나는 그의 생각이 체계적으로 전개될 수 있도록 여러 개의 관점을 주고 내용을 채워보도록 했다. 가능하면 스스로 관점을 찾아가도록 하지만 진전이 없을 때에는 상대방의 동의를 받고 관점을 제시하기도 했다.

나는 조직 리더들을 대상으로 코칭을 하면서 행동변화를 원하는 그들의 내면 요구를 분석하여 일곱 가지 변화 요구를 찾았다(이석재, 2019). 일곱 가지 변화는 곧 리더들이 가지고 있는 관심이며 해결하고 싶은 삶의 주제로서 다음과 같다.

- 주도적으로 삶을 구성하기
- 자신만의 시선 키우기
- 삶의 목적 탐구하기
- 협업을 통해 성장하기
- 더 나은 나의 성장 추구하기
- 늘 깨어 있는 인식 갖기
- 삶의 희망 키우기

그는 '새로운 도전하기'를 포함해 일곱 가지의 변화 요구로 자신의 생각을 정리했다. 나는 그에게 다시 처음의 질문을 던졌다.

"당신은 지금 어디에 묶여 있습니까?"

그는 자기가 더 큰 성장을 추구하고 있다는 것을 깨달았다. 자신이 더 성장하고 싶은 것이다. 그는 자신이 더 크게 성장하고 싶다는 생각에 묶여 있었다.

조직 리더들과 관점 코칭 대화를 해보면, 많은 리더들이 존재에 대한 관점보다 실행의 관점을 선택한다. 그도 일을 통해 더 나은 역할과 그것을 통한 사회적 평판, 긍정적 자기평가를 얻고자 했다. 치열한 경쟁 사회에서 실행을 통한 존재로의 발전은 번아웃으로 가는 길이다. 실행은 성과와 목표 달성으로 이어지며 그것을 이루고 나면 더 큰 성과 목표가 있다.

그 마지막에 존재가 있지 않다. 흔히 샐러리맨의 성공 신화라는 것은 일의 성공을 이야기 하는 것이다. 결코 존재의 성장을 말하는 것이 아니다.

자신이 어디에 묶여 있는지를 안다면 이제 더 중요한 것을 찾아 볼 차례이다. 묶여 있는 상황을 인식하는 것만으로도 좋은 출발을 한 것이다. 그에게 두 번째 질문을 던졌다.

**질문2. 그 묶임으로 인해 당신이 잃고 있는 것은 무엇입니까?**

그는 이 질문을 받고 놀라는 표정을 지었다. 자신이 묶인 것을 알았으니 이제 그것을 풀어야겠다고 생각했다. 그런데 그는 묶인 줄은 두고 엉뚱한 질문을 한다고 생각했다. 나는 그에게 두 번째 질문을 낮은 목소리로 다시 들려주었다.

"그 묶임으로 인해 당신이 잃고 있는 것은 무엇입니까?"

그는 잠시 생각에 잠겼다. 그가 나를 바라볼 때, 나는 그의 눈빛이 맑고 밝은 기운으로 차 있다는 것을 느낄 수 있었다. 그는 분명히 자신의 내면 깊숙한 곳에 있는 자신의 소망을 끌어 올린 것이 분명했다. 그의 머릿속은 새로운 생각으로 가득 찼을 것이다.

"지금 어떤 생각을 하십니까?"

그는 자신이 잃고 있는 것을 생각하면서 묶여 있는 자신을 다시 들여다보았다. 그는 더 큰 성장을 원하고 있지만, 성장을 원하는 뿌리는 다른 주제와 연결되어 있다는 것을 알아차렸다. 다른 주제는 일이 아니고, 회사 내에서의 성장도 아니고, 다른 사람들이 부러워하는 시선도 아니었다. 바로 좋은 엄마가 되고 싶은 것이다. 둘째가 태어나고 그는 자신이 엄마라는 것을 느꼈다. 둘째가 주는 느낌은 더 넓고 깊었다.

어린 시절이 떠올랐다. 가정 형편이 넉넉하지 않았기 때문에 부모는 매일 생활 전선으로 나갔다. 연로하신 할머니의 손에서 자랐다. 그는 부모의 사랑을 받기도 했지만 할머니의 사랑이 가장 컸다. 자신의 생활 주변에는 늘 할머니의 손길이 있었다. 따듯한 사랑의 공간이었지만 부모의 사랑을 받고 싶은 결핍이 있었다. 그는 성장하면서 자신의 결핍된 사랑을 자식에게 대물림하지 않겠다고 생각했다. 둘째가 태어나면서 '결핍된 사랑'이 현실적으로 느껴졌다. 출산 휴가를 갖는 동안 가장 행복했던 순간은 두 아이와 있는 시간이었다. 그냥 함께 있는 것만으로도 삶의 행복은 늘 충만했다.

그는 일터에서 놓치고 있는 것은 자식에 대한 사랑, 사랑의 끈이다. 그 끈이 끊어져 있는 것이다. 회사에 복직하면서 두 아이의 사진과 가족사진을 책상 위에 올려 두었다. 다시 사진을 보니 두 아이가 있는 사진이 가족사진보다 더 큰 것을 실감했다. 자식에 대한 사랑을 상징적으로 보여주는 것 같았다. 그는 자신이 잃고 있는 것에 대한 생각을 말하면서 순간 눈시울을 적셨다. 두 아이를 떠올리는 것만으로도 아련함이 밀려왔다.

그는 지금 어디에 묶여 있는 지에 대한 생각으로부터 그 묶임으로 잃고 있는 것은 무엇인지에 대한 새로운 생각으로 옮겨 왔다. 나는 그에게 세 번째 질문을 던졌다.

**질문3. 그것은 당신에게 어떤 의미입니까?**

이 질문은 그동안 잃고 있었던 것에 가치를 부여하고 삶의 목적과 같은 근원적인 개념과 연계시켜 보도록 안내했다. 하루의 일과는 구조화된 업무의 반복이었다. 문득 '지금 이 바쁜 시간에 자신의 개인적 관심에 집중하는 것이 맞는 것일까?'라는 생각도 들었다. 빠른 상황 판단과 신속한 결정, 성과 있는 마무리를 반복해야 하는 환경에서는 어울리지 않은 것 같다는 생각도 했다.

일터에서는 존재보다 인지적 사고와 활동을 통해 결과를 만드는 실행이 중요하다. 따라서 어떤 사람들은 흔히 존재와 연계되는 질문을 하면 현실을 모른 채 관념적인 생각을 한다고 대화를 회피하기 한다. 대화의 맥락에서 보면 맞는 말이기도 하다. 그러나 일 중심으로 생활하면서 중요한 것을 반복해서 잃는다면 일하는 방식을 바꿔봐야 할 것이다. 최근 일터에서 마음챙김 코칭이 존재를 회복하고 실행에 몰입하도록 도와주는 효과적인 방법으로 권장되고 있다(Bronson, 2017; Maslach와 Leiter, 2016).

그에게 있어 두 아이가 '결핍된 사랑'을 경험하도록 하는 것은 자신의 역할과 존재 가치를 위협하는 것이다.

**질문4. 그 의미를 얻기 위해 오늘 할 수 있는 것은 무엇입니까?**

그는 아주 현실적인 선택을 해야 하는 상황에 직면해 있다는 것을 알았다. 오늘 갑자기 획기적인 의사결정을 할 수 있는 것도 아니고 더 깊이 생각할 주제라고 생각했다. 그러나 그는 자신이 진정으로 원하는 삶을 정의하고 구상할 필요성을 확인했다.

나는 그에게 지금까지의 대화를 통해 알게 되고 느낀 것은 무엇인지를 물어 보았다. 그는 배우자와 함께 자신이 진정으로 원하는 삶에 대해 진솔하게 이야기 나눌 것을 약속했다. 그는 약 10개월 후 퇴직하고 새로운 경력을 쌓고 있다.

우리는 일터에서 소진되지 않고 건강한 생활인으로 활동할 수 있는 긍정 에너지원은 무엇이며, 어떻게 만들고 어떻게 활용하는지 알아 봐야 한다. 일에 주의를 집중하고 전력 추구를 하던 중에 주의가 떠도는 때가 있다. 그때 주의를 따라 마음은 떠돌게 된다. 이제 떠도는 마음이 비효율적이며 비생산적인 요소라고 보는 것을 멈춰보자. 떠도는 마음을 내면으로 가져가서 그 마음 안에 있는 자신의 진정한 개인적 관심에 주의를 기울여 보자.

개인적 관심은 긍정적 에너지원이며 깊게 탐구하지 않은 내면의 숨은 보석이다. 숨은 보석을 찾아 다듬고 이것을 긍정 에너지로 만들 때이다. 인지적 사고가 필요한 일터에서 우리가 경험하는 스트레스, 피로, 낙담, 무력감, 지루함 등은 실행의 부산물이다. 이 부산물을 해소하기 위해 약을 복용하거나, 수면을 채우거나, 멍 때리기를 하거나 산책을 할 수도 있다. 그러나 더 근본적인 방법이 있다. 소중한 것을 재발견하는 중요한 질문을 자신에게 해 보는 것이다.

## 생각 파트너의 심리코칭
## ×
## 변화의 힘으로 실행을 촉진시키는 방법

21세기 새로운 삶의 방식은 실행과 존재가 연결된 삶을 사는 것이다. 변화의 힘으로 존재의 영향력을 키우고 실행과 존재의 삶을 균형 있게 유지하고 관리한다.

### 마음을 떠돌게 하라

- 자기기준에서 떠도는 마음을 보라. 상황에 맞는 인식 능력이 작동한다.
- 마음이 떠돌 때 사람들의 시각과 관점도 다양화된다. 앉고 서고 눕는 것과 같이 신체적 위치를 바꿔본다. 위치가 달라지면 생각도 달라진다.
- '소중한 것의 재발견'(111쪽) 질문을 통해 기존의 관점에서 자유롭게 벗어나고, 원하는 결과를 얻을 가능성이 높은 행동을 찾아 실행하라.

### 불안과 긴장을 해소시키고 긍정 에너지를 지켜라

- 인지와 정서는 동전의 양면과 같아서 부정적 정서는 수행과제와 무

관한 생각을 자극한다. 긍정적 정서를 갖도록 하여 불안과 긴장을 해소시킨다.

• 유머가 있는 시트콤, 생활의욕을 자극하는 다큐멘터리 등의 동영상을 청취하여 긍정적 기분과 감정을 키운다.

### 독특성과 다양성을 인정하고 발휘하라

• 자기만의 관점에 묶이면 자기의 독특성과 다양성을 발휘하지 못한다. 일상에서 "지금 내가 놓치고 있는 것은 무엇인가?"를 자문하라. 이 질문은 자기중심적인 사고에서 벗어나도록 돕는다.

• 독특성을 다양성으로 연계시켜라. 상황 판단이나 문제해결에서 답이라고 100% 확신한다면 20%를 내려놓는다. 다른 사람의 독특성과 다양성을 존중하려면 마음에 여유가 필요하다.

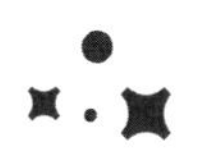

"계획보다 빠른 결혼과 두 아이의 출산으로 원하지 않는 경력단절을 겪고 있습니다. 처음에는 자녀를 출산하고 사회로 복귀할 수 있을 것으로 생각했습니다. 그런데 막상 아이들이 어느 정도 성장하고 보니 새로운 취업이 어려웠습니다. 취업을 준비하면서 가졌던 당찬 의욕과 용기, 가능성과 희망이 점점 사라지고 있습니다. 이제 오만 가지 생각에 불안을 느끼고 때로는 우울합니다. 이대로 주저앉을 것 같아 점점 초조하고 신경이 예민해졌습니다. 이 상황에서 어떻게 하면 좋을까요?" 그녀는 불안을 느끼게 하는 요인들을 모두 중요하게 보았다. 마음의 중심을 잡을 수 있는 방법을 찾기 위해 다음과 같이 질문했다.
"당신을 불안하게 만드는 주된 요인은 무엇입니까?"

출산 후 경력단절로 불안을 겪고 있는 30대 중반의 여성

# 4장
# 마음의 중심을 잡고 불안을 다스리자

사람을 고통스럽게 하는 것은 사건이 아니라,
그 사건에 대한 우리의 생각이다.
—에픽테토스

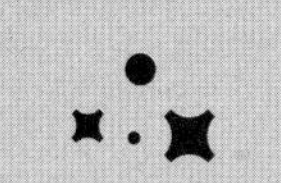

마음이 떠도는 상태에서 환경 요인은 우리의 주의를 쉽게 끈다. 변동성이 높고 예측하기 어려운 현실 상황이 대표적인 요인이다. 일터에서는 성과를 내야 하는 상황적 압박이 있다. 사회보장제도에 전적으로 의존할 수 없는 삶의 여건도 사람들의 주의를 끄는 환경적 요인이다. 또한 연령대 별로 직면한 현실적인 이슈들이 있다.

- 20대: 성공적인 사회 진출의 기회 부족
- 30대: 안정적인 생활환경 조성 어려움, 결혼과 출산, 경력개발
- 40대: 자신의 생존 능력과 경쟁력 확보 부담, 자녀 교육비 부담
- 50대: 퇴직과 인생 이모작에 직면한 현실과 불안정한 생활
- 60대: 생산적 활동의 지속 필요성과 기회 부족, 자녀 결혼

사람들은 이제 그 환경 요인을 보면서 생각하고 느낀다. 자신이 원하는 상태와 현실의 차이가 크면 불편하고 불안을 느낀다. 이러한 부정적 정서로 인해 사람들은 수행하던 일에 집중할 수 없다. 이러한 상황 인식과 정서 체험이 반복되면, 마음의 중심을 잡지 못하는 자신을 부정적으로 평가하고 무력감과 우울함을 느낀다.

떠도는 마음을 치유하기 위한 방법으로는 명상, 마음챙김, 멍 때리기와

같은 마음 훈련이다. 이러한 활동이 갖는 공통점은 긴장된 주의력을 이완시키는 것이다. 이와 반대되는 프로그램도 있다. 집중력 강화 훈련, 극기 훈련, 민첩성 훈련, 성과지향적인 조직문화를 구축하는 활동이 대표적이다. 성과주의가 팽배한 조직의 경영자나 리더들은 구성원의 주의력을 최대한 끌어내어 일에 집중시키고, 탁월한 성과를 만들 수 있는 정신 상태와 업무 환경을 조성한다. 두 프로그램의 접근은 관심을 존재 보다 실행에 두고 있다.

이 장에서는 떠도는 마음을 강화하는 방법으로 불안한 심리의 중심 잡기를 다룬다. 실행보다 존재에 초점을 둔다. 떠도는 마음의 중심을 바로 잡아 불안을 해소시키고 긍정적 기능을 하도록 돕는 방법을 살펴본다. 떠도는 마음으로 힘들 때, 관심과 시선을 내면에 두고 마음의 중심을 잡는 방법을 학습한다. 이를 통해 떠도는 마음의 생산성을 향상시키는 심리적 기반을 갖출 수 있다.

## 역설적인 백곰 이야기

하버드 대학교의 심리학자 대니얼 웨그너Daniel Wegner는 2011년 미국 심리학회 연차학술대회 기조연설에서 자신의 경험을 소개했다. 그는 백곰에 대해 생각하지 않겠다고 다짐했지만, 일정한 시간이 지난 후에도 백곰에 대한 생각이 머리를 떠나지 않았다. 기억에서 지우려는 생각이 오히려 백곰에 대한 생각을 더 하도록 강화했다. 때로는 자신의 생각을 떨쳐버리고 싶지만 생각처럼 쉽게 되지 않았다.

백곰 문제white bear problem로 잘 알려진 이러한 심리 현상은 러시아의 세계적인 문호 도스토예프스키Dostoevsky가 1863년에 발표한 그의 에세이 'Winter Notes on Summer Impressions'에서 '백곰을 생각하지 말아보십시오. 어서 해보세요.'라고 제안한 것이 발단이다.

그의 제안에 호기심을 가진 사람들은 백곰을 생각하지 않겠다고 다짐했지만 백곰에 대한 생각을 지우기 어렵다는 것을 알게 된다. 이러한 역설적인 심리 현상을 백곰 문제라고 한다. 독자도 해보길 권한다. 그리고 5분 후, 10분 후 자신이 생각하는 내용을 확인해 본다. 백곰에 대한 당신의 생각은 어떤 상태인가?

1987년 웨그너는 백곰 문제를 과학적으로 검증하기 위해 실험실 연구를 했다. 그는 실험 참가자들을 '초기 억압 집단' 또는 '초기 표현 집단'에 무작위로 배정했다. 초기 억압 집단은 실험을 시작하면서 자기의 생각을 억압하도록 지시했다. 다음 세션에서는 자기의 생각을 표현하도록 했다. 초기 표현 집단은 역순으로 자기의 생각을 먼저 표현하도록 하고, 다음 세션에서는 자기의 생각을 억압하도록 했다. 초기 억압 집단에 다음과 같이 지시했다.

"처음 5분간은 떠오르는 모든 생각을 말로 묘사하십시오. 이때 백곰을 생각하지 않도록 하십시오. 백곰이라고 말하거나 백곰이 생각나면 벨을 누르십시오."

참가자들이 말한 모든 내용을 녹음기로 녹취했다. 이어서 다음 5분 동안에는 자기의 생각을 표현하도록 지시했다.

"백곰에 대해 생각하십시오. 만일 백곰을 말하거나 백곰에 대해 생각한 경우 벨을 누르십시오."

이번에도 참가자가 말한 모든 내용을 녹취했다. 초기 표현 집단의 경우에는 역순으로 지시했다. 처음 5분 동안에는 백곰에 대해 생각하고, 이어서 다음 5분 동안에는 백곰에 대해 생각하지 말도록 지시했다.

연구결과는 아주 흥미롭게 나타났다. 총 5분 동안에 벨을 누른 빈도를 보면 처음 시작할 때 모든 조건에서 빈도가 높게 나타났다. 즉, 처음에는 백곰에 대한 생각을 억누르는 것이 어려웠다. 그러나 시간이 흐르면서 두 가지 패턴이 뚜렷하게 나타났다. '억압-표현' 순으로 진행된 경우, 벨을 누르는 빈도는 시간이 흐르면서 점점 증가했다. 처음에는 억압을 했지만 시간이 지나면서 백곰을 억압하기 점점 어려웠다. 시간이 갈수록 백곰이 생각났다. 반면에 나머지 조건들에서는 모두 시간이 흐르면서 벨을 누르는 빈도가 급격히 감소했다. 처음부터 백곰에 대해 생각하라고 지시 받은 경우, 실험 참가자들이 백곰에 대한 기억을 지우기 쉬웠다.

생각을 억압하는 것은 자기 통제의 전략이지만 오히려 그 생각을 더 기억하게 하는 역설적인 효과를 보였다. 즉, 억압 대상에 대해 집착하는 강박과 생각을 선점하는 결과를 보였다. 그들의 두 번째 연구에서 억압을 지시한 이후 이를 방해하는 새로운 생각을 하도록 했을 때, 억압할 기존의 생각에 집착하는 경향이 줄었다.

### 개인의 삶에서 백곰은 무엇일까?

아버지가 소리쳤다.

"그 결혼, 내가 처음부터 말렸지. 네가 알아서 하겠다고, 네가 선택하고 결정한 것이라고 했잖아. 그래서 네가 책임지겠다고 걱정하지 말라고 말했지. 그래? 안 그래?"

아버지의 분노와 질타가 섞인 외침이 지금도 귀에 생생하다. 그녀는 생각했다. '사실 맞는 말이다. 스스로 생각해도 왜 그때 그 남자를 뿌리치지 못하고 결혼을 했는지 알다가도 모르겠다. 모든 것은 내 책임이다.' 자신을 위로하는 말을 혼자 하다가도 '내 책임이다'라는 이 한 마디에 모든 생각은 빨려 들어갔다.

코칭에서 만난 한 여성은 모든 것이 내 책임이라는 이 짧은 말 한마디를 머리에서 지울 수 없다고 하소연했다. 지치고 힘들 때 '내 책임이다'라는 말이 떠오르면, 그 말이 기폭제가 되어 실패한 결혼 초기생활을 회상하기 시작하면서 온갖 생각이 가슴을 헤집고 상처를 내며 지나갔다. 자책하고 깊은 슬픔에 빠졌다. 마치 한 편의 단편 소설을 읽듯이 떠도는 마음은 늘 하염없는 눈물과 자책으로 끝났다.

사람들은 자기만의 삶의 이야기를 펼치는 소설 주제를 가지고 있다.

그 소설의 제목을 상기하는 것만으로도 이미 머릿속은 자기만의 이야기로 가득 채워진다. 마음이 중심을 잃고 떠돈다. 어느 때는 우울한 감정이 벼랑 끝까지 내려갔다가 다시 원래 자리로 돌아온다.

그녀에게는 예쁜 딸이 있다. 그녀는 정신적으로 힘들 때면 딸의 얼굴을 떠올렸다. 딸의 얼굴은 자신에게 힘과 용기를 주었다. 그런데 어느 날부터인가 딸의 얼굴을 보는 것도 싫어지기 시작했다. 왜 그랬을까?

나는 그녀에게 '내 책임이다'라는 말의 의미를 재구성해보도록 요청했다. 기존의 책임이 갖는 의미가 실패한 결혼을 결정한 내용이라면 이제 새로운 내용으로 바꿔보기로 했다. 그녀는 엄마로서의 책임을 생각해냈다. 사실 이전부터 조금씩 그러한 생각을 했지만 쉽게 잊혔던 것이다. 그녀에게 새롭게 필요한 것은 과거의 삶에 묶이는 것이 아니라, 현재와 앞으로 전개될 미래의 삶을 어떻게 구상하고 만들어 갈 것인지를 생각하는 것이다. 딸의 앞날을 생각하면서 자신의 역할을 정의해 보는 것이다. 그녀는 딸에게 집중하는 것, 딸을 건강한 아이로 키우는 것, 당당한 사회인으로 성장하도록 건강한 대화를 나누는 것 등을 생각했다.

앞으로 자신의 과거 이야기가 떠오를 때 모든 것이 내 책임이라고 억누르지 않고 딸에 대한 자신의 책임 거리를 상기시키는 것이다. 몇 회의 코칭 횟수가 지난 후, 그녀는 '내 책임이다'는 강박적인 생각에서 많이 벗어났고 삶을 끌어갈 자신감을 가졌다. 책임의 내용을 교체한 것은 웨그너의 두 번째 실험에서 백곰의 영향을 방해하는 새로운 생각을 하도록 한 것과 같은 효과를 보였다.

만일 자신만의 삶의 주제로 힘들어 한다면 그 주제어를 긍정적인 의미를 가진 새로운 내용으로 교체해보자. 그리고 그 새로운 의미로 자신의 기존 이야기를 재해석해보자. 어떤 생각이 떠오르는가? 새롭게 떠오른 생각은 처음의 것과 어떤 차이가 있는가? 그 차이가 시사하는 바는 무엇인가?

## 반복적 사고에 묶이면 우울해져

경쟁사회에서 생존하기 위해 치열한 삶을 살다 보면 자기만의 세상 보기가 고착화되기 쉽다. 그 과정에 결정적인 영향을 미치는 심리는 자기중심성이다. 자기중심성은 세상을 보는 하나의 관점이다. 관점은 자기만의 삶의 이야기를 만들어가는 생명력을 갖고 있다. 그리고 그 관점은 자신의 생각과 행동에 영향을 미친다. 따라서 관점을 바꾸라는 것은 때로는 존재의 방식을 바꾸라는 것과 같다.

자신이 해결할 수 없는 사건을 경험하면 그 사건에 쏠렸던 자신의 주의가 순간적으로 격리되어 유랑한다. 그때 마음도 같이 떠돈다. 부정적인 정서를 경험했던 그 사건을 수용하기 힘들고 좌절도 하고 모욕감도 느낀다. 여전히 해결되지 않은 상태이다. 생각하면 할수록 생각과 느낌은 더 생생하고 강렬해진다. 특히 그 사건의 상세한 내용이 자신의 의지와 상관

없이 반복해서 떠오르고 심한 스트레스와 불안을 자극하고 우울하게 만든다. 이와 같이 자신의 의지와는 무관하게 과거에 일어난 부정적인 사건에 대한 생각을 반복적으로 되새기는 활동을 반추적 사고rumination라고 한다.

반추적 사고로 힘들어 하는 사람들은 흔히 자신의 생각을 다른 사람에게 털어 놓고 싶어 한다. 떠도는 마음은 주의가 이동하는 방향으로 계속 이동하지만, 반추적 사고는 떠돌기보다 과거에 일어난 부정적인 사건에 강박적으로 묶인다. 따라서 떠도는 마음의 한 유형으로 볼 수 있다(Irving & Thompson, 2018).

반추적 사고는 부정적인 사고와 우울 등의 감정을 동반하지만 일반적인 감정 처리와는 다른 문제이다. 대체로 부정적인 감정은 일정한 기간이 경과하면서 해결되고 더 나은 방향으로 처리될 수 있다. 그러나 반추적 사고는 우리의 의식에 반복적으로 떠오르고 우리는 그 생각에 묶인다. 이러한 속성 때문에 반추적 사고를 하면 스트레스로 힘들어지고 우울해진다.

## 반추적 사고에 묶인 리더십

코칭에서 만난 임원은 갈등 관계에 있는 중간 리더에 대한 반추적 사고로 힘들어 했다. 시간이 갈수록 마음의 중심도 흔들리면서 리더로서의 역할 수행에 의문을 가졌다. 나는 코칭을 진행하기 위해 사전에 실시한 다면 진단인 효과적 리더십 진단ELA 결과보고서(이석재, 2006)를 브리핑

하면서, 그의 느낌과 생각을 물어 보았다. 그는 답답함을 느꼈다고 했다. 나는 그에게 답답함에 대해 이야기를 해달라고 요청했다. 그는 결과보고서를 보고 서로의 생각이 정말 다르다는 점을 확인했다고 말했다. 예상은 했지만 막상 결과를 보니 마음이 더 답답했다.

사실 나는 진단 결과보고서를 보고 그가 어떤 리더일지 깊이 생각했다. 미팅을 갖기 전에 어떤 리더인지 반복해서 생각했을 때, 실제로 만나 상대방을 더 폭넓게 이해하고 공감하는 경험을 했다. 또 상대방이 처한 상황을 그려볼 수 있다. 그에 대해서도 여러 차례 보고서를 통해 본인과 타인간의 생각 차이로 인해 갈등을 겪을 것으로 예상했다. 사전 준비를 통해 이해와 공감 영역을 키우는 것이다. 이번 코칭 사례의 경우, 감정은 공감하는 수준을 유지하고 이성적인 접근을 통해 인식의 차이를 먼저 해소하는 방식을 취했다.

"보고서 전체를 종합해 볼 때, 자신의 생각과 일치하는 것과 불일치하는 것은 무엇입니까?"

"평소 알고 있던 점이 그대로 나타났기 때문에 불일치하는 것은 없고, 지금 궁금한 것은 과연 저의 리더십이 맞는 것인지를 알고 싶습니다."

"현재 자신의 리더십과 부원들이 지각하는 리더십 간에 차이가 있는지 확인해 보고 싶고, 또 임원의 리더십 기준과 비교했을 때 차이가 있는지 궁금해 하시는 것으로도 이해됩니다."

"그러네요. 말씀 듣고 보니 둘 다 궁금하지만 지금은 첫 번째에 대한 것입니다."

"알겠습니다. 앞으로 몇 가지 질문을 연이어서 하려고 합니다. 먼저 어떤 임원이고 싶으십니까?"

"좋은 질문입니다. 어쩌면 바로 질문하신 것이 모든 갈등의 시작일 수 있겠습니다. 저는 지금하고 있는 분야에서 주경야독하는 노력을 했습니다. 주위에 전문가가 없었기 때문에 혼자서 개척하는 입장이었습니다. 누구도 가르쳐주지 않았습니다. 아마 안다고 해도 그것 자체가 개인의 경쟁력이고 자기정체성이기 때문에 알려주지 않았을 것입니다. 그러나 이해됩니다. 사실 자기 전문분야를 스스로 개척하지 않으면 존재감도 없는 것이죠."

"지금 이 자리에 있기까지의 삶을 한마디로 표현한다면 뭐라고 하시겠습니까?"

"치열한 삶입니다. 치열함…"

그는 순간 감정이 벅차올라서 눈시울을 붉혔다. 이내 눈물을 보이며 감정을 추스르려고 했다. 나는 감정을 억누르기보다 느끼는 대로 두라고 요청했다. 감정이 흘러가는 대로 두다 보면 그 감정이 전하고자 하는 것을 말로 표현하기 때문이다.

"그 치열함이 그간의 리더십과 연관이 있을 것 같습니다. 어떠십니까?"

"맞습니다. 바로 그렇습니다. 저는 그 경험을 했기 때문에 후배 직원들에게 어렵게 학습하고 경험한 것을 모두 알려주고 싶었습니다. 혼자 끌어안고 있기보다 나눠주려고 했습니다. 후배들의 생각을 들어 보고, 잘못이다 싶으면 곧바로 잡아주었습니다. 일할 시간은 부족하고 해 봐야 잘못될 것이 분명한데 그대로 둘 수 없다고 생각했습니다. 그런데 후배들의 생각은 달랐습니다."

### 감정대화 나누기

사실 그랬다. 그의 리더십에 대한 부원들의 정량적 응답과 자신들의 의견을 주관식으로 작성한 내용을 보면, 일관되게 임원의 리더십은 독단적이고 자기주장이 강하다고 나타났다. 다른 사람의 생각을 존중하지 않고 다양한 의견이 존재할 수 있다는 것을 인정하지 않았다. 후배 직원들을 육성시키려는 관심과 의욕은 높으나 본인의 의도에 맞게 유도하고 강요한다고 피드백을 했다. 임원과 부원 간에 인식 차이가 매우 컸다.

나는 게슈탈트 심리치료의 한 방법인 빈 의자 기법empty-chair technique을 사용하여 그와 가장 갈등이 심한 중간 리더를 빈 의자에 앉히도록 했다. 이어서 서로의 생각과 느낌을 들어보고 그때의 정서를 체험해 보도록 했다. 그는 부원의 입장이 되었을 때, 자신이 의도한 리더십이 다르게 읽힐 수 있다는 것을 생각하고 자신이 답답했던 것처럼 그도 그랬을 것이라고 공감했다. 그는 대화 중에 감정이 고조되기도 하고 자신의 내면에 깊이 들어가기도 했다. 마지막 역할 연기를 하면서 임원과 해당 부원 간에 느껴지는 감정에 맞게 빈 의자를 위치시켜 보도록 했다. 그는 의자를 처음보다 가깝게 가져다 두었다. 그의 얼굴에 옅은 미소가 감도는 듯 했다.

"오늘 아주 중요한 질문을 하려고 합니다. 저의 질문을 잘 들어 보시기 바랍니다. 진단 결과보고서에 나타난 리더십에 대한 인식 차이를 떠올려 보십시오. (잠시 후) 자, 지금 보이는 것은 무엇입니까?"

"생각해 보니 상대방은 빠지고 나만의 의도와 생각에 따른 반쪽 리더십을 보았습니다. 지금까지 나의 리더십이 잘못이라고 생각하지 않았습니다. 내가 경험하고 아는 것을 아낌없이 모두 나눠주려고 했으니까요. 저의 말에 집중하지 않고 그 순간의 소중함을 모르는 젊은 후배들이 안타까웠습니다. 젊어서 아직 세상을 모른다고 생각했습니다. 그래서 내 생각을 더 밀어붙였습니다. 알려주고 가르쳐주고 싶었으니까요."

"이 순간 꼭 드리고 싶은 말씀이 있습니다. 상무님은 정말 아낌없이 주는 나무같은 분이십니다. 후배들을 아끼고 그들의 성장을 진정으로 도와주고 싶은 사랑이 느껴집니다."

"감사합니다. 저를 그렇게 봐 주시니 정말 감사해요."

"흔쾌히 받아들여 주셔서 감사합니다. 한 가지만 더 질문을 드려보겠습니다. 그럼 앞으로 무엇을 달리하면 서로의 인식 차이를 좁힐 수 있겠습니까?"

---

**빈 의자 기법**

형태주의 이론가 프리츠 펄스Fritz Perls가 발전시킨 역할극 형식의 심리치료 기법이다. 내담자가 빈 의자empty chair를 마주 보고 마치 그 곳에 사람(예, 부모)이 앉아 있는 것처럼 가정하고 정서적 대화를 나누는 역할 연기를 한다. 내담자는 상담 사례에 있는 인물이 빈 의자에 앉아 있다고 상상하고 독백, 대화 또는 역할 바꾸기를 한다. 행동치료에 흔히 사용된다(Corey, 2005).

---

### 관점변화 이후 되찾은 편안한 마음

그는 자신의 의도를 부원들과 충분히 공유하지 않았지만, 그들이 당연히 알고 있고 받아들일 것으로 가정했다. 그는 인식의 차이가 자신으로부터 비롯된 것을 알아차렸다. 아무리 선한 의도를 가지고 있어도 상대방이 원하는 내용이나 방향과 일치하지 않는다면, 상대방은 불편하게 느꼈을 것이다. 애초에 불편하게 느낄 수 있을 것으로 상상하지 못했다. 모두 감지덕지해야 할 것으로 생각했기 때문이다.

반추적 사고로 힘들어 한다면, 관점 변화를 경험하도록 하는 것이 하나의 해법이다. 관점을 바꾸게 되면 동일한 사건과 대상에서 다른 의미와 가치를 찾게 된다. 이때 긍정 에너지를 체험하게 되고 다음 단계로 나아가는 원동력이 된다. 또 다른 방법은 반추적 사고와 연계되어 있는 부정적 감정을 읽고, 그 감정의 의미를 탐색한 후에 감정을 재해석 하거나 반추적 사고의 내용과 감정의 연계 또는 연합을 제거시키는 것이다.

### 생각이 만드는 또 다른 생각

심리학자인 아브라함 테서Abraham Tesser 는 오랫동안 생각이 태도에 미치는 영향을 연구했다. 당시 지배적인 인지이론에 따르면, 사람들은 외부로부터의 정보를 처리하고 대응할 때 인지도식cognitive schema 을 기준으로 사용한다. 인지도식은 정보를 조직화하고 통합하는 인지틀로서, 정보의 속성과 개념, 심리적 표상을 체계화시킨 것이다. 사람들은 새로운 대상에 대한 정보를 접할 때 자신의 인지도식을 토대로 생각하고, 그 생각은 새로운 대상에 대한 태도를 인지체계와 일치시키는 방향으로 변화시킨다. 이와 같이 인지도식이 사람들의 생각과 행동에 지배적인 영향을 미친다고 보았다.

테서는 1976년 생각 연구에서 실험 참가자들에게 흡연에 대해 찬성 또는 반대하는 글을 보여주고 30초, 60초, 90초, 120초와 같이 생각하는 시간을 순차적으로 늘려 주었다. 생각하는 시간이 길수록 참가자들의 태도는 더 극단적으로 찬성 또는 반대하는 변화를 보였다. 이러한 변화는 누구의 강요나 요청에 의해 일어난 것이 아니라 생각 자체가 만들어내는 효과였다. 태도 변화에 영향을 미치는 생각 자체의 인지적 기능을 처음으로 밝혀낸 연구 결과였다.

그의 연구에서 '생각 집단'은 실험과제와는 상관없는 생각을 한 '무관한 생각 집단'이나 아무런 생각도 하지 않은 '통제집단'에 비해 새로운 생각을 더 많이 만들어 냈다. 생각 집단은 자발적으로 기존의 생각을 재해석하거나 새로운 정보를 추가하여 통합했다. 새롭게 생성된 생각은 특정 대상에 대해 가졌던 기존 태도보다 더 긍정 또는 부정적인 태도를 갖도록 영향을 미쳤다. 즉, 자발적으로 극화된 태도변화를 보인 것이다. 일상에서 고민은 하면 할수록 심각해지고, 고민과 무관했던 생각들이 새롭게 연결되면서 부풀려지는 것과 같은 현상이다.

1996년 테서는 생각의 자발적 태도변화 원리를 토대로 반추적 사고 ruminative thoughts 를 설명했다. 반추는 포유동물이 삼킨 음식을 다시 게워내어 씹는 되새김질이다. 반추적 사고는 자신의 의도와 관련 없이 과거에 경험한 부정적 사건과 관련된 생각이 저절로 반복해서 의식에 떠오르는 것을 말한다. 반추적 사고는 환경 자극이 없는 상황에서도 일어나고, 특정 주제와 관련된 인지 활동을 발전적으로 전개시키는 도구적인 기능을 한다.

특히 반추적 사고는 개인적인 관심과 목적에 관련된 주제에 연관되어 있고 자기 자신에게 초점이 맞춰져 있다. 예를 들면, 한 달 전에 했던 의사결정을 떠올리며 그때 내가 다른 의사결정을 했더라면 지금 더 좋은 결과가 나타날 것으로 상상하며 아쉬워한다. "그때 그 아파트를 샀더라면, 지금 얼마를 벌었을 텐데"라고 되새기는 것이다. 문제는 이 생각을 한 번으로 끝내는 것이 아니라 불안하거나 의기소침할 때, 걱정이 클 때 반복해서 머릿속에 떠오른다는 것이다. 이 사고는 이후에 개인의 관심이나 목적을 달성하도록 돕기도 하고 방해가 되기도 한다.

### 뇌가 보내는 메시지의 참과 거짓

사람들은 자신의 문제점을 생각할 때, 흔히 자신을 둘러 싼 환경을 점검하거나 자신의 내면을 들여다본다. 자신이 기대하고 있는 모습과 다르게 전개되고 있는 현재의 상황을 이해하기 어렵기 때문이다.

이러한 상황에서 사람들은 자신이 예상하는 것과 다른 원인을 찾는데, 노력에도 불구하고 답을 찾지 못하면 불안을 느낀다. 중요한 과제를 수행하는 중이었다면 당혹스럽고 불안해 할 수 있다. 뇌 과학이 발달하기 전까지 인식의 범위를 넘어서는 심리적인 문제의 원인을 인지적인 측면 이외에 정서적인 측면, 환경적인 측면에서 찾았다. 정신분석도 이러한 문제를 해결하기 위한 접근법이다.

뇌 과학자이며 심리치료사인 슈와르츠 Schwartz (2011)는 뇌가 보내는 거짓 메시지를 파악하는 것이 중요하다고 지적했다. 뇌는 끊임없이 신체감각적인 정보를 처리하고 주어진 상황을 어떻게 해석했는지에 대한 정보를 마음에 전달한다. 만일 사람들이 뇌가 보내는 정보를 현실이라고 생각하고 이에 따른 대응을 한다면 현실을 왜곡할 수도 있다. 뇌는 새로운 정보를 처리할 때 개인의 성장과정에서 학습된 정보처리기제를 따르기 때문이다. 따라서 뇌가 보내는 정보는 현실과는 다른 거짓 정보일 수 있다.

코칭에서 만난 여성 팀장은 불안한 마음 때문에 늘 업무에 집중할 수 없다고 하소연했다. 나는 먼저 그가 일터에서 체험하는 불안한 일상과 업무에 미치는 영향에 대해 말해 줄 것을 요청하고, 그의 말을 귀담아 들었다. 이후 그 불안의 근본 원인은 무엇이라고 생각하는지를 질문했다. 그는 나와 눈이 마주치는 순간 감정에 복받쳐 눈물을 흘렸다.

"지금 떠오르는 생각은 무엇입니까?"라고 물었을 때, 그는 아들을 떠올렸다고 응답했다. 그 아들은 자신이 엄마로서 지켜주어야 할 가장 소중한 존재이다. 그러나 지금 자신의 건강이 불안정한 상태라서 앞으로 어떤 일이 일어날지 생각하기만 해도 불안이 엄습해왔다. 자신이 부재할 경우를 가정할 때 감당할 수 없는 슬픔에 빠져들었다.

나는 그의 말에 공감하면서 어머니로서 깊은 사랑과 책임감을 가진 분으로 인정해주었다. 이와 같은 불안이 반복되는 상황에서 그는 어떻게 자신을 지켜내고 있는지를 물었다. 이 상황에서 '반복한다'는 것은 좋은 의미를 담고 있는 것이 아니다. 그의 입장에서 반복이라는 행동과 그 행동에 담긴 내용과 의미를 탐구하는 것이 중요하다. 사실 심리적 문제는 사람들이 무엇을 생각하고 느꼈느냐에 의해 일어나는 것이 아니다. 사람들이 느끼고 생각한 것에 대해 어떻게 대응하느냐에 의해 일어난다.

그는 불안을 극복하는 자기만의 답을 가지고 있을 수 있다. 나는 조심스럽게 "지금까지의 경험을 통해 팀장으로서 또한 어머니로서 자신에게 꼭 필요한 것은 무엇이라고 생각하십니까?"라고 물었다. 그는 건강을 지키고 유지하여야 한다는 것과 마음의 중심을 꼭 잡아야 한다는 것을 경험으로 알고 있었다. 문제는 마음의 중심을 잡을 수 있는 구체적인 방안을 모른다는 것이다.

어떤 방안이 필요할까? 이 상황에서 그는 어떤 마음을 가져야 할까? 슈와르츠는 불안에 휘둘리고 있는 사람들은 흔히 뇌가 보내는 정보를 현실이라고 인식한다고 지적했다. 뇌가 보내는 정보가 아니라 참자기true self를 기준으로 삼아 현재 전개되고 있는 상황이나 결과를 이해하고 판단하는 것이 중요하다. 참자기와 뇌가 보내는 거짓 메시지 간의 차이를 보고, 내면의 현명한 지지자wise advocate가 안내하는 바를 따르는 것이다(Kleiner 등,

2019). 팀장에게 필요한 것은 참자기를 찾고 현명한 지지자를 키우는 것이다.

그는 자신이 건강을 잃었을 때 아들과 헤어질 수 있다는 생각에 불안을 느꼈다. 그때 느낀 불안은 참자기가 느낀 정서일까 아니면 뇌가 처리한 정서 감지인가? 슈와르츠의 뇌 연구에 따르면, 그가 삶에서 경험한 중대한 사건이 불안과 연합되는 심리 과정을 탐색한 적이 없다면 그때 느낀 불안은 뇌가 감지한 정서이다. 이 경우라면, 그는 현실적인 정서를 따르기보다 뇌가 알려주는 습관에 따른 정서 반응을 보인 것이다.

나는 그에게 불안을 가장 크게 경험했던 사건을 회상해 보도록 요청했다. 그는 주저하지 않고 어린 시절 부모가 이혼한 때를 떠올렸다. 그는 부모의 이혼으로 누군가와 헤어져야 하고 그 대상이 누구일지를 모른다는 불확실성에 깊은 불안을 느꼈다. 부모와 자신 간의 이별은 뇌에 각인된 불안을 각성시키는 점화기였다. 그는 자식과의 이별을 생각할 때 어린 시절에 체험한 불안이 현재 상황에서 느끼는 감정이라고 생각했다. 그는 뇌가 보내는 메시지인지 알지도 못했고 의문을 품어 본 적도 없었다. 그는 불안이 엄습했을 때 사냥꾼의 총 앞에 있는 먹잇감처럼 무방비 상태였다는 것을 깨달았다. 그는 이제 습관적으로 보였던 모습에서 벗어나 새롭게 현실을 직시하기로 했다. 그는 자신이 느끼는 감정을 객관적으로 체감하는 방법을 알아야 한다.

# 삶의 목적과 가치로 마음의 중심 잡기

참자기는 도널드 위니코트Donald Winnicott에 의해 1960년 대 정신분석학에 도입된 개념이다. 참자기는 자신이 추구하는 가치와 이루고 싶은 목표를 가진 사람이다. 뇌에서 전달되는 거짓 메시지와 참자기가 인식하는 것을 구별하고, 두 정보의 차이를 올바르게 해석하기 위해서는 내면의 현명한 지지자가 필요하다.

마음의 중심을 잡기 위해서는 자기 자신이 존중하는 삶의 가치와 이루고 싶은 목적이 분명해야 한다. 나는 그와 삶의 목적을 정하는 대화를 나눴다. 이어서 삶의 목적 찾기를 신속히 마쳤다. 그는 죽음의 문턱 앞에 서 본 경험을 통해 이미 답을 가지고 있었다. 자신의 삶의 이야기와 자기발견, 통찰과 성찰의 결과였다. 그는 다른 사람의 삶에 도움이 되는 사람이고 싶어 했다.

이어서 나는 그가 삶을 통해 추구하는 가치, 그 가치를 일상에서 실천했을 때의 결과물, 그 결과물이 가치와 일치하는 지에 대해 대화를 나눴다. 그리고 그 가치를 실현하는 것이 자신 뿐 아니라 가정과 타인, 사회에 어떤 영향을 미칠 수 있는지에 대해서도 대화를 나눴다. 그는 삶의 가치를 믿음과 존중, 그리고 봉사로 정했다. 삶의 목적은 자신과 타인에 대한 믿음과 존중을 바탕으로 봉사하는 것이다.

삶의 목적은 추상적인 선언이 아니다. 삶의 목적은 방향을 주고, 목표는 내용을 준다. 달리 말하면, 삶의 목적은 곧 삶의 과제이다. 팀장이 지금 해야 하는 일은 마음의 중심을 잡는 것이다. 자신이 흔들리지 않아야 그 다음 일도 할 수 있다. 어떻게 하면 팀장이 마음의 중심을 잡을 수 있을까? 다시 대화의 시작 부분으로 돌아가 마음의 중심을 잡지 못하는 이유를 파악했다.

"팀장님, 자신이 불안해하는 이유를 무엇이라고 생각하십니까?"

나는 팀장에게 종이를 세로로 접은 후 펼치도록 했다. 이어서 왼편에 불안해하는 이유라고 생각하는 것을 모두 적도록 했다. 그리고 빠진 것은 없는지 반복해서 확인하도록 했다. 다음 단계로 각 이유의 오른편에 해결방안을 적도록 했다. 예를 들면 불안의 이유가 '자녀의 미래에 대한 걱정'이라면 이에 대한 해결방안을 적는 것이다. 해결방안을 모두 작성했다면,

작성한 내용을 읽어 보면서 현실에서 중요한 대로 우선 순위를 매기도록 했다.

이 과정을 마치면 목록에서 최상위부터 5개를 선정하도록 요청했다. 불안을 초래하는 이유와 해결 방안을 파악했음으로 이제 일정 기간에 해소하는 노력을 하면 된다. 지금까지 도출한 내용을 다듬은 후, 선정한 5개를 평소 눈에 쉽게 띄는 곳에 붙여두고 실행에 옮기도록 요청했다.

그는 불안의 원인을 해결하는 실행 방안을 실천하면서 마음의 안정을 찾았다. 마음이 흔들리지 않으면서 자신감도 높아졌다. 그는 이번을 계기로 자신의 느낌과 생각, 행동의 주인이 되기로 다짐했다. 나는 그에게 아침을 시작하면서 떠오르는 긍정적인 느낌이나 생각을 세 가지 선정하여 메모지에 적도록 요청했다. 그리고 하루를 보내면서 긍정적 느낌을 충분히 경험하고 주위 사람과 나누고 긍정적인 생각을 실행하면서 좋은 결과를 만들어 보도록 했다. 이를 통해 자신의 뇌에 긍정의 메시지를 보내고 뇌를 학습시키는 것이다.

## 반복해서 떠오르는 생각 극복하기

비스듬하게 주차한 옆의 차량을 보면서 차주가 주의를 기울이지 않으면 후진하다가 내 차를 받을 수 있겠다고 생각했다. 옆 차와의 간격을 더 벌려 놓으려고 하다가 그만두었다. 이후 돌아와 보니 차량 앞면에 노란 쪽지가 있다. 옆 차가 접촉사고를 냈다는 내용과 해당 차주의 연락처가 쪽지에 있다.

### 반추적 사고의 특징은 반복성이다

후회가 밀려왔다. 접촉 가능성을 감지했으면서도 조치를 취하지 않았기 때문이다. 그전에도 비슷한 경험을 했기 때문에 더욱 자책했다. 그 날 이후에도 이 사건에 대한 생각을 반복했다. 반추적 사고는 특히 우리가 스트레스를 받거나 불안하고 우울할 때 쉽게 의식에 스며든다.

일반적으로 반추적 사고는 떠도는 마음보다 정신적으로 통제하기 어렵다. 주차장에서의 접촉사고를 상대방 차량의 차주와 협의하여 해결했더라도 사건의 발생 가능성을 인지했다는 사실 때문에 쉽게 잊지 못했다. 특히 반추적 사고는 부정적인 정서와 연결되어 있다. 따라서 해당 사건을 심리적으로 수용하거나 잊기 어렵다.

이성적으로는 사건의 발생 전모를 합리적인 수준에서 인정하고 사건 자체로부터 교훈을 찾아보려고도 노력했다. 예를 들면, 다음과 같이 내면과의 대화를 시도했다. "다음에 유사한 상황에 놓이게 되면 바람직한 조치를 취하자. 유비무환이란, 이 경우를 두고 하는 말이다." 그러나 이러한 생각 자체가 그 사건을 떠올리는 것으로 오히려 부정적인 감정을 계속 키우는 결과를 초래했다.

반추적 사고는 부정적 감정과 연결되어 있어서 생각을 반복할수록 강박적으로 그 생각에 묶이게 되고, 새로운 관점이나 방식으로 관련된 생각을 처리하기 어렵다. 따라서 생각의 진전 없이 일정 시간이 지나도 부정적인 감정을 벗어나지 못한 채 동일한 생각을 반복하게 된다. 어떻게 하면 반추적 사고를 해결할 수 있을까?

### 부정적 감정과 생각의 연결을 끊는다

사건에 대한 생각은 부정적인 감정과 연결되어 있다. 사건을 생각하면 그에 따른 감정이 일어나고, 스트레스 상황이나 우울한 감정일 때는 사건을 회상할 가능성이 높다. 따라서 사건이 감정을 일으키는 점화자극이 되지 않도록 사건에 대한 부정적인 생각을 희석시켰다. 한 예로, "차를 오랫동안 사용하였고 이미 흠집이 많이 있다.", "지금 생긴 흠집보다 더 큰 흠집도 있다." 등의 생각을 차에 대한 생각과 부정적 감정 사이에 방해자극으로 집어넣었다. 차에 대한 생각이 나면 바로 방해자극을 떠올렸다.

이때 주의를 방해자극에 집중하는 것이 중요하다. 기존에 주의를 사건과 사건에 대한 생각에 두었다면, 이제 주의 방향을 방해자극으로 옮기는 것이다. 이러한 주의 이동을 통해 사건과 사건에 대한 생각을 갖는데 덜 민감해지고 생각하는 시간도 줄어들게 된다.

이 방법은 상당히 효과가 있었다. "그럴 수도 있지."라고 생각하면 점차 사건에 대해 덜 민감해졌다. 사건의 발생을 수용하고 재해석하면서 반추적 사고에 동반되는 부정적인 감정이 약화되는 체험을 했다.

### 메타 인지를 사용하여 사건을 객관적으로 본다

메타 인지metacognition는 고차원적인 생각 기술이다(Flavell, 1979). 사건을 한 발 물러나 바라보면서 지금 하고 있는 생각을 총체적으로 다시 생각해보는 것이다. 메타 인지를 활용하면 사건에 대한 생각에 함몰되지 않고 그 생각의 순환고리에서 빠져나와 객관적인 관점을 갖게 된다. 메타 인지를 통해 문제를 다른 시각과 관점에서 보게 되고 문제를 정의하는 내용도 달라졌다.

사건에 대한 메타 인지와 사건 간에 공간을 가졌다. 가해 차량의 차주가 남긴 메모가 눈에 들어왔다. 처음 메모를 볼 때 읽었지만 단순히 상황 설명으로만 생각하고 의미를 부여하지 않았다. "출구로 향하는 차량을 쳐다보며 후진하는 과정에서 왼쪽을 보지 못했습니다." 차주도 주의를 기울이면서 차를 이동시키다가 접촉사고를 낸 상황을 이해하고 수용했다.

메타인지를 사용하기 전에는 접촉 사고를 생각하면 즉각적으로 부정적인 감정이 떠올랐다. 그리고 그 감정에 휩싸이게 되면서 상대방의 주의력 부족을 탓했다. 다른 생각이나 다르게 생각할 수 있는 마음의 유연성을 갖지 못했다.

**메타인지**

자신의 생각과 인식의 범위를 넘어서 또는 꼭대기에서 아래를 내려다보는 고차원의 생각 기술이다. 즉 '생각에 대한 생각', '인식에 대한 인식'이다. 메타인지는 자신이 알고 기억하는 것에 대한 지식과 경험으로 구성된다. 사람들은 생각하는 과정을 통제하는 능력을 키워서 학습 효과를 높이는 학습전략을 세우는데 메타인지를 활용한다. 발달심리학자 존 플라벨John Flavell이 창안한 개념이다.

## 침투적 사고, 내가 원하는 생각이 아니야!

자신이 원했던 모습과는 다른 현실을 보고 자신이 선택하지 않은 방안을 계속 떠올릴 수 있다. 처음에는 의사결정을 잘 못한 사건으로 흘려보냈지만 시간이 갈수록 반복해서 떠오르는 경우가 있다. 되돌릴 수 없는 일이라는 것을 알면서도 그때에 대한 생각이 불쑥 떠오르고 그 생각으로 인해 정서적으로 불안해지는 빈도가 늘어난다.

이와 같이 자신은 원하지 않지만 어느 순간 불쑥 떠오르는 생각을 침투적 사고intrusive thought라고 한다. 라흐만Rachman(1993)은 "반복적이며 수용하기 힘들고 원하지 않는 생각, 이미지, 충동"으로 정의했다. 사람들이 이러한 침투적 사고를 어떻게 대응하고 처리하느냐에 따라서 그 영향력은 크게 달라진다.

---

**침투적 사고를 해결하는 방법**

- 생각 인지recognize: 내 인식에 침투한 생각이 있다는 것을 있는 그대로 인지한다.
- 그냥 생각just thoughts: 침투한 생각은 또 다른 생각일 뿐이라고 생각한다. 막거나 통제하려고 하지 않는다.
- 수용과 허락accept and allow: 생각을 받아들이고 이성적으로 따지지 않는다. 지워버리거나 배척하려고 하지 않는다.
- 생각 관찰float and feel: 생각에 대한 느낌이 있다면, 대응하지 말고 그대로 머물게 둔다.
- 시간 경과let time pass: 시간이 흘러가도록 둔다. 이 생각 또한 시간이 경과하면서 지나간다고 생각한다.
- 일상 수행procced: 침투적 사고가 들어오기 전에 하던 일을 그대로 계속 한다.

---

모든 사람은 침투적 사고를 경험한다. 정도의 차이가 있을 뿐이다. 개인적인 고민을 마음속에 담아두고 생활하면서 정서적으로 힘들어 하기도 한다. 이러한 고민을 드러내고 해결하여 더 큰 문제가 되지 않도록 조치하는 것이 중요하다. 인지행동치료에 기초해 개발된 침투적 사고를 해결하는 방법을 활용해 본다(Winston과 Seif, 2017).

## 마음의 중심을 잡는 3단계 프로세스

오래 전에 알고 있지만 생각할수록 다른 뜻으로 들리는 말이 있다. "사람은 같은 강물에 두 번 발을 담글 수 없다." 기원전 6세기 에베소에서 활동한 철학자 헤라클레이토스Heraclitus의 말로 알려져 있다. 처음 들으면 당연한 말로 들린다. 흘러가는 강물에 발을 담그고 있을 때조차 같은 강물이 아닐 텐데, 발을 떼고 담근다면 완전히 새로운 강물을 만나게 될 것이다. 그러니 다시 담근다고 해도 결코 같은 강물일 수 없다. 그는 무슨 말을 하고 싶었던 것일까?

복잡하고 예측 불가능한 요즘에 헤라클레이토스의 말을 가장 실감할 수 있다. 급변하고 예측 불가능하고 모호한 세상에 휘둘리지 말고 중심을 잡고 삶을 살라는 말로 들린다. 삶의 중심을 잡는 것이란 무엇일까?

회사에서 정기적으로 진행하는 리더를 위한 코칭에서 그와 첫 미팅을 가졌다. 나는 그에게 담당하는 업무와 역할에 대한 소개를 요청했다. 그는 국내 영업을 담당하고 있는 사업부장이다. 업무 특성상 매월 영업실적을 평가하고, 실적의 추이에 따라 자신과 부서원들의 감정이 등락을 하게 된다. 그는 이러한 심리적 변동 폭을 줄이고 싶어 했다.

**생각: 불안의 원인 파악하기**

영업은 통제할 수 없는 환경 변화에 영향을 받게 된다. 나는 환경 변화에 대한 그의 생각과 느낌이 궁금해 질문을 던졌다.

"변동이 심하게 나타날 때, 어떤 느낌을 갖습니까?"

그는 영업의 특성이기도 하고 최근 시장 상황이 좋지 않다 보니, 실적이 불안정하다고 말하며 요즘 특히 불안하다고 말했다. 나는 그의 말을 들으면서 유독 불안이라는 단어에 그의 마음이 담겨져 있다는 느낌을 받았다.

"방금 불안하고 말씀하셨는데, 그 불안을 느끼게 하는 것은 원래 무엇입니까?"라고 물었다.

그는 순간 감정에 복받치는 모습을 보였다. 불안이라는 단어가 그의 마음 깊은 곳에 억누르고 있던 감정을 자극했다.

"그 불안에 대해 말씀해주시겠습니까?"

나는 이 질문에 대해 그가 응답을 한다면 나에게 보내주는 큰 신뢰라고 생각했다. 그는 가정의 경제를 책임지고 있었다. 만일 그가 건강을 잃는다면 가정의 경제적 안정도 흔들릴 것이다. 그러나 공교롭게도 그의 건강은 좋지 않았다. 몇 년째 병원을 다니며 살얼음 위를 건너듯이 건강관리를 하고 있다. 만일 다시 입원하게 된다면 사회생활은 단념해야하는 상황이다.

### 선택: 왼손과 오른손 저울 기법

그는 성과도 올려야 했고 건강도 지켜야했다. 두 가지를 함께 지키는 것은 실로 쉬운 일이 아니었다. 나는 그에게 두 손을 앞으로 내밀도록 했다. 그리고 오른손과 왼손에 자신이 중요하다고 생각하는 것을 올려놓도록 요청했다. 그는 오른손에 성과, 왼손에 건강을 올려놓았다.

"부장님, 오른손과 왼손을 번갈아 보십시오. 그리고 지금 이 상황이 의미하는 바가 무엇인지를 생각해 보십시오. (잠시 후) 지금 어떤 생각을 하셨습니까?"

그는 두 손에 있는 것 가운데 어느 하나 내려놓을 것이 없다고 말했다. 마치 외줄을 타면서 저글링을 하는 광대와 같다고 자신을 묘사했다.

"또 어떤 생각을 하셨습니까?"

"둘 다 감당해야 할 일들입니다. 모두 나의 것입니다."

"또 어떤 생각을 하셨습니까?"

"둘이 연결되어 있습니다. 떼어 놓을 수가 없습니다."

"또 어떤 생각을 하셨습니까?"

"…"

그는 더 이상 말을 잇지 못했다. 때로는 더 많은 생각을 끌어내기 위해 기다리지만 이번은 바로 다음 대화로 이어갔다.

"그렇습니다. 둘 다 부장님의 것입니다. 이렇게 생각해 보시겠습니까? 오른손과 왼손은 사업부장님의 몸으로 연결되어 있습니다. 저글링을 성공적으로 하려면 중요한 것은 무엇이겠습니까?"

그는 정말 그렇다고 외치듯이 소리 내며 '아하' 하는 순간을 느꼈다고 말했다. 둘 다 자신의 몸통과 연결되어 있다. 그러니 자신이 중심을 잡지 못하면 아무리 균형을 잡으려고 해도 두 손에 있는 것들을 떨어뜨릴 것이다.

"그럼, 앞으로 어떻게 하시겠습니까?"

지금까지 불안에 휘둘렸지만 이제는 불안을 바라보면서 정말 자신에게 중요한 것이 무엇인지를 알았다. 그는 상황에 흔들리지 않고 자기중심을 잡는 것이 중요하다고 말했다. 불안을 느낄 때마다 많은 생각에 마음이 떠돌았다. 그 많은 생각들은 자신이 중심을 잡고 있지 못하다는 것을 뜻하는 것이었다. 그동안 불안이 밀려오면 에너지가 빠지면서 무력감에 힘들어하곤 했다. 이제는 자신의 불안을 바라보고 다스릴 수 있는 가능성을 발견한 것에 대해서 감사하다고 말했다.

### 행동: 나의 다짐 작성하기

지금 그에게 필요한 것은 자기중심을 잡는 것이다. 자기중심을 잡으면 불안을 다스릴 수 있다. 불안이라는 감정은 생각에 영향을 주고, 생각은 행동에 영향을 준다. 그렇다면 지금 불안을 갖게 하는 원인은 무엇인가? 나는 그에게 불안을 일으키는 요인을 떠오르는 대로 메모지에 작성하도록 했다. 이어서 작성한 목록을 보고, 중요도에 따라 우선 순위를 부여하도록 요청했다. 그 다음에는 우선순위에 따라 재배열하고, 각각의 불안 요인을 해소시키는 구체적인 행동을 작성하게 했다. 그는 다음과 같이 실천행동을 작성했다.

- 불안 극복을 결심하는 시간을 매일 1회 갖는다.
- 매일 결심을 실천하는 3가지 긍정문을 작성한다.
- 월 15회 운동을 하며, 그 이상의 것은 덤으로 생각한다.
- 자녀와 독서하며 즐거움과 평온을 갖는다.

그리고 실천행동을 메모지에 적어 눈에 띄는 곳에 붙여두고 매일 실행하기로 다짐했다.

원하는 결과를 얻기 위한 결정적 행동을 선정하고 실행을 하기로 다짐했어도 작심삼일이 되기 쉽다. 실행을 일관성 있게 하기 위해서는 추진력을 발휘하기 위한 장치가 필요하다. 사업부장은 자신의 실천 행동을 담은 세 가지 긍정문을 작성하고 자신의 다짐을 격려하고 응원하는 사람들에게 공유하기로 했다.

매일 아침 조용한 시간에 오늘 하루 어떤 좋은 일을 하겠다고 생각해 본다. 좋은 일이란, 삶의 변화에 따라 흔들리지 않고 중심을 잡으면서 직장에서는 맡은 일을 수행하고 건강한 삶을 사는 데 도움을 주는 것이다. 예를 들면 세 가지 긍정문은 다음과 같은 생각이다.

- 시간관리를 잘 한다.
- 검소한 생활을 한다.
- 지쳐있는 부서원을 동기 부여한다.

### 내면의 자기와 대화하기

이와 같이 세 가지 긍정문을 작성한 후 단순히 생각만 하는 것이 아니라 내면의 자기에게 힘 있게 말한다. 사업부장은 불안을 느낄 때, 그 불안을 느끼게 하는 생각에 묶여 있는 경우가 많았다. 매출이 생각만큼 일어나지 않는 상황을 읽게 되면, 부정적 감정에 휘둘려 그 이후에 일어날 수 있는 사건들을 기정사실로 생각하며 또 다른 부정적인 생각과 감정을 만들어 냈다. '부서원들의 사기가 저하되고, 결국 이번 달 영업 목표를 달성하기 어렵게 된다. 그렇게 되면 사업부의 분위기가 더 나빠질 텐데…'와 같이 생각하는 것이다.

따라서 자신의 생각과 행동이 흔들리지 않고 중심을 잡기 위해서는 내면의 자기에게 강한 긍정의 메시지를 일관되게 전달할 필요가 있다. 이 활동을 반복적으로 할 때 자기 확신도 높아진다. 하루의 일상을 시작하면서 느끼는 자기 확신과 같은 긍정에너지는 원하는 결과를 얻을 수 있는 가능성을 높인다.

## 생각 파트너의 심리코칭 × 마음의 중심을 잡고 불안을 다스리는 방법

환경 변화를 읽고 대응할 수 있는 사고 체계가 미흡한 경우, 마음이 흔들리고 불안을 느낀다. 자기 기준을 통해 떠도는 마음을 붙잡을 수 있다.

**불안의 근본 원인을 객관적인 방법으로 찾는다**

- 심리검사, 역량진단 등을 활용하여 자신의 생각 스타일과 내용을 객관적이며 심층적으로 분석하여 불안의 근본 원인을 찾아본다.
- 반복적으로 떠오르는 생각에서 한 발자국 뒤로 물러나서 본다. 생각은 생각일 뿐이다. 메타인지를 통해 지금의 생각을 객관적으로 본다.

**불안의 원인에 대한 관점을 바꿔본다**

- 불안의 기폭제 역할을 하는 생각을 새로운 생각으로 교체한다.
- 지혜롭고 긍정적인 사고 능력을 가진 사람과 반복적으로 떠오르는 생각에 대해 대화를 나눈다. 이를 통해 기존 생각에 대해 관점 전환을 경험해 본다.
- 부정적 감정과 생각의 연결을 끊는다. 부정적 감정과 생각 사이에 방해 요인의 역할을 할 수 있는 새로운 생각을 집어넣는다.

### 생각을 멈추고 실행한다

- 마음의 중심을 잡는 3단계 프로세스를 실천한다
- 마음이 동요할 때 '생각 – 선택 – 행동' 3단계 프로세스를 사용한다. 이 과정을 통해 도출된 실천행동을 큰 소리로 자기대화(내면의 자기와 대화)를 한다.
- 불안을 해소하는 데 도움이 되는 하루 3가지 긍정적 생각(3 P: 3 positive thoughts)을 작성하고 행동으로 실천한다. 자신의 실천을 돕거나 격려할 수 있는 사람과 3P의 약속과 실천을 다짐하고, 실행 결과를 공유한다.

"예상했던 것보다 더 빨리 퇴직을 해야 할 것 같습니다. 사회변화도 그렇고 직장 내의 분위기도 계속 일하기 어렵습니다. 더 큰 문제는 사회에 나가서 지금과 같은 경제생활을 유지하기 쉽지 않다는 것입니다. 아직 돈 들어갈 곳이 많은 데 말이지요. 소득은 당연히 줄 것이고 전문성을 필요로 하는 일을 할 기회도 적을 것입니다. 그렇다고 지금까지 해 오던 삶의 방식을 한 순간에 바꿀 수는 없는 일이지요. 퇴직에 따른 심리적 충격을 최소화할 수 있는 마음은 무엇일까요?" 그는 퇴직 이후의 삶에 대해 경직된 사고를 가지고 있다. 먼저 자기인식을 일깨우도록 다음과 같이 질문했다.

"퇴직은 당신에게 어떤 의미를 갖습니까?"

제2의 인생을 준비하는 50대 초반 남자 직장인

# 5장
# 방황하는 마음을 버리고 유연한 마음을 갖자

인간의 행동은 믿을 수 없을 만큼 융통성이 있고 유연하다.
—필립 짐바르도

방황하는 마음을 해결하는 방법은 마음을 유연하게 만드는 것이다. 유연하다는 것은 경직되지 않았다는 뜻이다. 유연성은 기존의 사고틀에 묶이지 않고 새로운 경험에 개방적이며 선택적으로 다르게 생각하고 다양성을 능동적으로 수용하는 능력이다. 유연한 마음을 가짐으로써 마음이 떠도는 방황을 멈추고 의미 있고 가치 있는 생각을 사고의 기본으로 삼는다.

사람들은 실행 중심의 삶을 살면서 존재의 가치를 간과했다. 마음이 유연하면 실행 중심의 마음과 존재 중심의 마음이 단절되지 않고 상호 연결된다. 나아가 두 마음은 한 인격체의 마음으로 통합된다. 나는 현대인의 바람직한 모습은 '유연한 마음의 소유자'라고 생각한다.

[그림 3] 유연한 마음의 심리 구조

유연한 마음은 자신의 마음이 방향성을 갖도록 하는 사고방식이다. 또한 늘 깨어 있는 자기인식을 통해 환경과 상호작용하고, 자신이 추구하는 목적 중심의 삶을 구현하고 그 과정에서 연민과 선한 영향력을 실천하는 바탕이다. 사람들이 본래 가지고 있는 진정성을 회복하는 것은 지금의 삶을 사는 지혜로운 선택이다.

이 장에서 마음의 유연성을 키우기 위한 구체적인 방법에 대해 살펴본다. 마음의 유연성을 키우기 위해서는 먼저 자기인식이 깨어있어야 한다. 자신을 중심으로 사회적 환경과 상호작용하는 심리적 기초는 자기인식이다. 따라서 자기인식을 하는 다섯 가지 기준을 설정한다. 자신과 외부 환경과의 관계에서 자신의 강점을 발견하고 환경 변화에 맞게 관점을 확대시킨다. 이와 같이 자신과 환경이 상호작용하는 과정에서 깊이 생각하고 알아차리는 통찰과 자기수용을 키운다.

# 자기인식을 일깨우는 질문

사람들은 자신이 처한 맥락에서 다양한 변화를 요구받는다. 이러한 변화 요구는 대개 통제하거나 거부하기 어렵다. 변화 요구에 쉽게 휘둘리지 않으려면 자기중심을 잡아야 한다. '자기중심을 잡는다'는 것은 단절을 뜻하는 것이 아니라, 변화 요구에 대응하는 생각과 행동의 일관성을 확보하는 방법이다. 자기중심을 잡을 수 있을 때 마음도 유연할 수 있다.

현실에서는 이러한 일관성의 확보가 불가능하거나 벽에 부딪혔을 때 마음이 떠돌게 된다. '마음-결정적 행동-원하는 결과'를 서로 연결하는 과정에서 질문을 통해 자기인식을 일깨워야 한다. 자기인식은 다섯 가지 기준별로 마음-행동-결과를 연결시키는 것이다. 그러나 모든 기준에서 자기인식이 일어나야 하는 것은 아니며, 자기인식을 어떻게 하는지에 따라 달라진다. 여기서 결정적 행동이란, 원하는 결과를 얻을 가능성

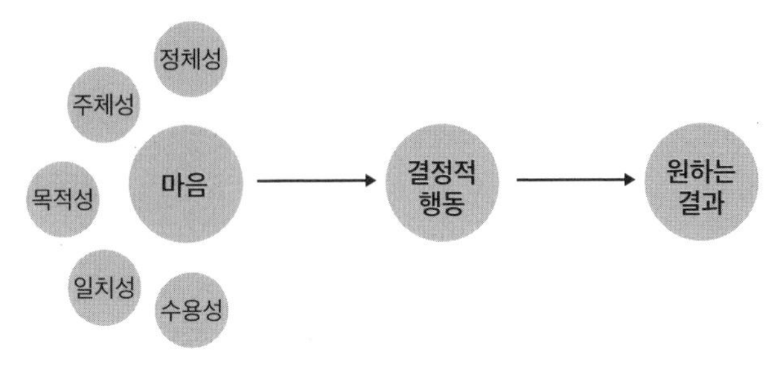


[그림 4] 마음의 자기인식 기준

을 높이는 행동이다.

### 정체성: 나는 누구인지 아는가?

사람들은 주위 사람들로부터 다양한 피드백을 받지만 그 내용은 대부분 역할에 관한 것이다. 남편과 아내, 아버지와 어머니, 친구, 이웃사촌 등 다양한 역할이 있다. 현실에서는 존재 보다 실행에 대한 것이다. 다시 말해 맡은 역할에 대해 피드백을 하고, 그 행동을 보고 어떤 사람인지 판단한다. 이러한 상황에서 사람들은 자신의 정체성에 대해 깊이 생각할 기회를 갖지 못한다. 따라서 자신을 차분히 살펴볼 수 있는 특별한 시간과 장소를 마련하자. 개인적 정체성을 알아보기 위해 다음과 같이 질문하고 답을 정리해 본다.

- 나는 어떤 모습을 '나답다'라고 생각하는가?

- 이 생각에 대해 나는 어떤 느낌을 갖는가?
- 나는 이러한 생각과 느낌을 일상에서 어느 정도 체험하는가?
- 그 체험은 내게 어떤 울림을 주는가?
- 그 울림은 내게 무엇이라고 말하는가?

이러한 질문에 대한 답을 통해 개인적 정체성을 정의할 수 있다. 타인의 피드백은 나의 사회적 정체성에 대한 내용을 담고 있다. 타인의 피드백을 통해 같은 집단 속에서의 내 역할과 지위에 대한 주관적인 인식을 하고 이를 토대로 사회적 정체성을 형성한다(Tajfel, 1982). 사회적 정체성을 알아 볼 때, "다른 사람은 나의 어떤 모습을 '나답다'라고 말하는가?"를 정리한다. 이어서 개인적 정체성을 알아보는 네 가지 질문을 한다.

각 질문에 정답이나 오답은 없다. 질문에 대한 자신과 타인의 의견이 바로 답이다. 개인적 정체성과 사회적 정체성에 대해 정리한 내용을 통합해 '나는 누구인가'에 대한 자기 정체성을 정리해 본다. 코칭에서 만난 대상자는 개인적 정체성에 대한 생각, 가족과 지인이 사회적 정체성에 대해 피드백 한 내용을 종합하여 자기 정체성을 다음과 같이 정리했다.

'나는 서로 신뢰하고 화합하는 관계를 맺고자 최선을 다하는 사람이다.'

### 주체성: 내가 구상하고 만드는가?

사람들은 삶의 주체로서 자신의 삶을 주도적이며 적극적으로 구성하여 자신이 원하는 삶을 만들고자 한다. 삶을 구성한다는 것, 삶을 만들어 간다는 것은 관념이 아니라 행동이다. 복잡하고 예측 불가능한 세상에서 우리의 감정은 기복이 심하게 나타나지만 그것에 대응하는 행동은 일관성을 유지해야 한다. 그래야 마음이 떠돌지 않는다. 주체성이 반영된 모습은 '나는 내가 원하는 삶을 구상하고 만든다'는 주관적 인식이며 독립적인 주체로서의 행동이다. 주체성을 자각하기 위해 다음 질문을 하고 답을 정리해 본다.

- 나는 어떤 삶을 원하는가?
- 내 삶의 어떤 모습에서 주체성을 느끼는가?
- 나의 주체성이 가장 잘 반영된 선택은 무엇인가?
- 내가 주관하고 있는 것은 무엇인가?
- 최근에 내가 판단한 대로 행동한 것은 무엇인가?

### 목적성: 내 삶의 목적을 이루고 있는가?

삶의 목적을 생각하지 않았다면 삶의 방향을 설정하지 않은 것이다. 거친 파도에 배가 난파하지 않고 안전하게 귀향하도록 하기 위해 등대가 있다. 삶의 목적은 등대와 같이 방향성을 알려준다. 떠도는 마음에 숨겨진 힘은 바로 지향성이다.

이와 같이 삶의 목적은 방향을 주고 목표는 내용을 준다. 목표 달성을 통해 목적을 이룬다. 삶의 목표는 크고 작은 과제와 그 과제를 해결하는 과정으로 구성된다. 달리 말하면 삶의 목적은 삶의 과제이다. 왜 이 일을 원하고 해야 하는 지에 대한 의미를 담은 실천적 표현이다. 따라서 삶의 목적을 정의하려면, 의미를 부여하는 토대인 삶의 가치가 명확해야 한다. 그 가치를 현실에서 추구하고 실행하면서 그 가치에 부합하는 결과를 만들어야 한다. 그 결과물이 의미 있기 위해서는 결과물이 선한 영향력을 가져야 한다. 자기 자신의 가치 추구와 목표 달성에 머무르는 것이 아니라 타인에게 긍정적 영향을 미쳐야 한다. 그 영향이 더 크다면, 사회 그 이상으로 영향력은 파장을 일으킬 것이다.

주체적으로 자신의 삶을 들여다보고 주도하고 만들어 가기 위해서는 자신이 강건해야 한다. 그 강건함을 얻기 위해서는 삶의 목적을 찾아야 한다. 삶의 목적에는 다음 세 가지 요소가 담겨있어야 한다.

- 추구하는 가치는 무엇인가?
- 그 가치를 실천한 결과는 무엇인가?
- 그 결과는 선한 영향력을 갖는가?

### 일치성: 내가 추구하는 삶의 목적과 합치하는가?

심리적으로 불안할 때 사람들은 방황하고 자신의 삶을 굳건히 잡아 줄 것을 찾는다. 삶의 목적은 북극성과 같이 나아갈 방향을 뚜렷이 알려준다. 목적을 찾으면 심리적으로 안정될 것 같지만 새로운 도전이 생겨난다. "오늘 나의 일상에 내 삶의 목적이 담겨있는가?"라고 자문해 본다. 만일 아니라고 생각한다면 자신의 일상이 그 목적과 합치하지 않은 것이다. 삶의 목적과 합치되는 생활을 하는 것은 바로 그 목적을 완성하는 방법이다.

마음이 자주 떠돈다면 자신에게 질문해 보자. "내 삶의 목적은 무엇인가? 오늘 일상에 내 삶의 목적이 담겨있는가?" 마음이 이리저리 떠도는 것은 일상이 환경의 변화에 휘둘리기 때문이다. 우리가 환경 변화를 통제할 수 없지만 일상의 어느 한 부분에서라도 삶의 목적과 합치되는 삶을 사는 것이 중요하다. 그래야 마음이 편안하고 그곳에 의지할 수 있다. 작은 행동이라도 삶의 목적과 일치하는 행동을 의식적으로 실천해보자.

삶의 목적과 일치하는 생활을 하는데 도움이 되는 활동을 발굴해 실천한다. 다음의 질문을 통해 삶의 목적과 일상이 연결되어 있는지를 알아본다.

- 일상에서 '나다움'을 보이는가?

- 삶의 목적과 일치하는 일상의 의식을 정해 매일 실천하는가?
- 자신의 내면에 집중하고 성찰하는 시간을 갖는가?
- 삶의 목적에 합치되지 않는 활동을 생활에서 배제하는가?
- 삶의 목적을 실천하여 좋은 결과를 만들고 주위 사람과 나누는가?

나는 다른 사람들과 생각을 나눌 수 있는 대화 공간을 만들고 생각을 나눌 때 가장 즐겁고 나다움을 느꼈다. 이러한 나의 모습을 '생각 파트너'로 표현했고 별칭으로 정해 상표등록(2019.8.14)도 했다. 내 삶의 목적은 '생각 나눔을 통해 나와 다른 사람의 성장을 돕는 것이다.' 나는 일상의 의식으로 거의 매일 아침에 눈을 떴을 때 떠오르는 의미 있는 생각을 '아침 단상'으로 정리하여 SNS 개인 계정에 적는다.

### 수용성: 나는 결과를 있는 그대로 받아들이는가?

복잡하고 예측 불가능한 세상에서 자기수용은 건강한 삶을 사는 인지 전략이며 행동이다. 건강한 삶을 살기 위해서는 숙련된 자기관리가 필요하다. 숙련된 자기관리는 자신이 생각하는 삶의 목적에 맞게 자기인식, 자존감, 자기수용의 역동적인 관계를 합리적으로 만들어 가는 것이다. 자기인식은 자신이 처해 있는 삶의 맥락과 사회적 관계에서 일어나는 변화를 잘 읽고 자기 존재와 연계해 해석하는 인지 활동이다. 숙련된 자기관리를 위해서는 자기인식이 늘 깨어있어야 한다.

자기인식의 준거가 되는 정체성, 주체성, 목적성, 일치성이 잘 정립되고 서로 연계성을 갖는다면 일상에서 삶의 의미와 가치를 충만하게 체험할 것이다. 그러나 수용성이 낮다면 사상누각과 같다. 겉으로 보이는 삶은 좋아 보이지만 내면은 불안과 불만족으로 불안정할 수 있다. 흔들리지 않는 진정한 삶의 성숙은 자기수용으로 완성된다. 마음이 떠도는 근본적인 이유는 지금의 삶을 온전히 수용할 수 없기 때문이다.

중년의 코칭 대상자는 친한 친구로부터 "왜 그래? 뭐가 문제인데? 나는 너처럼 산다면 더 이상 바랄게 없는데 말이야."라는 말을 들었다고 했다. 그는 친구가 무슨 근거로 그런 말을 했는지 이해할 수 없다고 말했다. 소위 명문대를 나와 남부럽지 않은 직장과 가정을 꾸리며 살고 있지만 자신이 원하는 삶은 아니었다. 일부는 부모가 원하는 삶이었고, 다른 일부는 사회적 평판에 맞추는 삶이었다. 자신이 원하는 삶과 겉으로 보이는 삶의 불일치가 마음이 떠도는 주된 원인이었다.

다음 질문을 통해 자기수용성을 확인해 본다.

- 일상에서 불안을 느낀다면 무엇 때문인가?
- 원하는 삶의 모습에서 볼 때 지금의 삶은 어떤 모습인가?

- 지금의 삶에서 가장 불만족한 부분은 무엇인가?
- 지난 삶에 대한 후회가 지금의 생활을 불편하게 하는가?
- 부정적인 감정은 일상에 어떤 영향을 미치는가?

자기수용은 조건 없이 있는 그대로의 나를 받아들이는 것이다(Ellis, 1994). 자신의 긍정적인 것과 부정적인 것, 강점과 약점, 가지고 있는 것과 가지고 있지 않은 것 등에 따라 흔들리지 않고 현재의 자기 자신을 온전한 존재로 받아들이는 것이다. 자기수용을 통해 인간은 지속적으로 성장하고 진화하면서 변화를 만들어 낼 수 있다.

떠도는 마음에서 체험하는 세상은 현실에서 이루지 못한 변화 요구를 이룰 수 있다. 일종의 현실 세계에서 체험할 것들을 반복해서 연습하는 것이다. 자기인식의 내용을 자기대화로 풀어보는 것도 실행력을 높이는 좋은 방법이다. 다섯 가지 자기인식의 기준을 토대로 떠도는 마음속 생각을 원하는 결과로 만들어 갈 수 있다. 변화 요구를 가진 사람들이 원하는 결과를 얻기 위해 결정적 행동을 찾고 얻는 모든 과정에서, 그들의 생각과 행동의 변화를 자극하는 질문을 한다. 이러한 질문하고 답 찾기의 과정을 통해 떠도는 마음을 정착시킬 수 있다.

## 맥락의 변화에 맞는 강점 발휘

마틴 셀리그만Martin Seligman과 같은 긍정심리학자들의 연구에 따르면, 자신의 강점을 받아들이는 것은 자기 확신과 낙관적 시각을 갖는데 결정적인 역할을 한다. 자신의 강점에 대한 이해도가 높은 사람일수록 자신을 긍정적으로 지각하고 도전적이고 행복감을 느낀다. 이러한 체험은 유연한 마음을 갖는 바탕이 된다.

낙관적인 사고를 가진 사람은 비관적인 사고를 하는 사람보다 운동경기나 판매 등과 같은 다양한 목표 행동에서 더 우수한 성적을 보였다. 일이 성공적으로 이루어졌을 때 자신의 능력을 인정하고, 실패하더라도 낙관적인 사고가 목표를 향해 계속 나아가도록 동기를 부여하는 것이다. 실패한 경험에 묶이지 않는다.

실행의 결과를 통해 인정받으려 한다면, 성공과 실패의 관점에서 자신을 보게 되고 강점보다는 약점에 더 주의를 기울이게 된다. 이제 개인의 존재에 대한 긍정적 인식을 높임으로써 실행력을 높이는 전략이 필요하다. 실행의 결과보다 결과를 만들어 가는 과정에 주목해야 한다. 결과를 만들어 가는 과정에서 필요한 긍정적 인식과 행동은 다음과 같이 요약할 수 있다.

- 실패는 결과가 아니라 더 나은 결과를 만드는 시작이다.
- 나만 실패한 것이 아니라 누구나 실패한다.
- 실패에 묶이기보다 실패로부터 학습하고 극복하려고 노력한다.
- 실패를 두려워하기보다 그 두려움을 극복하고 전진한다.
- 다르게 보려고 한다. 역경을 극복해야 경력이 된다.
- 과정과 결과의 기대 수준에 대한 눈높이를 올린다.
- 원하는 결과를 얻을 수 있는 자원을 확보한다.

원하는 결과를 만들 수 있다는 생각과 잠재성에 대한 믿음을 강화시킬 때, 존재감도 높아지고 실행의 성과도 탁월하다. 외부적 요인을 효과적으로 관리함으로써 실행력을 높이려는 교육도 중요하지만, 개인의 존재감을 높이는 교육을 확대해야 한다. 긍정적 존재감의 눈으로 세상을 보도록 도와야 한다.

### 결정론적인 강점과 약점에 대한 인식을 바꾸자

삶에서 타인의 평가는 존재하지만 그것을 쉽게 내재화하고 자기 자신과 동일시하면 자존감이 불안정해질 수 있다. 이제 전통적인 강점과 약점의 이분법적인 논리의 틀에서 벗어나야 한다. 강점과 약점을 잠재성에 대한 기능적 표현으로 보는 관점 전환이 필요하다.

코칭적 시각에서 보면, 사람은 그 자체가 온전한 존재적 가치를 가지고 있다. 기존에 자신의 약점이라고 생각했던 것을 다시 들여다보면, 그 약점이 강점으로 쓰일 수 있다는 것을 알게 된다.

### 약점을 강점으로 승화시키기

한국 펜싱이 세계적인 위상을 갖게 된 것은 약점으로 여겼던 짧은 다리의 강점을 간파했기 때문이다. 즉, 몸의 무게 중심이 긴 다리보다 아래에 있기 때문에 빠른 발놀림을 구사할 수 있다. 유도 중량급 선수로서는 키가 작은 편인 송대남(176cm) 선수는 특기인 업어치기를 앞세워 약점을 강점으로 바꾸었다. 다리가 긴 외국 선수들보다 상대적으로 무게 중심이 아래에 있다는 이점을 살렸다. 그는 올림픽 전에 "외국 선수들은 상체보다 하체가 약하다. 다리 사이로 파고들어 업어치기를 하니 통하더라"라고 말했다.

### 강점도 지나치면 약점이 된다

세계적인 리더십 연구기관인 창의적 리더십 센터Center for Creative Leadership의 연구결과를 보면, 리더십 강점을 극대화하려고 하면 오히려 지속적인 성장을 방해하는 요인derailer으로 작용한다. 꼼꼼한 리더십은 지나치면 통제적인 관리로 의사결정이 늦게 되는 약점으로 작용한다. 강점과 약점은 동전의 양면과 같다.

강점과 약점은 특정 맥락에서 행위자에 의해 발휘된 잠재성의 기능적 표현이다. 사람들은 흔히 본인이나 타인이 제공하는 잠재성에 대한 기능적 표현을 쉽게 수용하고 자기 자신과 동일시한다. 강점과 약점이 행위자에게 내재되어 있다고 생각한다. 강점에 대한 피드백을 받으면 자존감이 높아지고, 약점에 대한 피드백을 받으면 자존감이 낮아진다. 타인의 평가에 자존감이 민감해지고 스트레스를 받고, 이로 인해 공격적이 되고 극한 경우 병리적인 이상행동을 보인다. 그들의 마음은 하염없이 떠돈다.

### 성장형 사고방식이 유연한 마음이다

강점과 약점은 우리가 내적으로 소유하고 있는 것이 아니라 원하는 결과와 결정적 행동과의 관계에 의해 정의된다. 우리에게 내재되어 있는 것은 강점이나 약점이 아니라 잠재성이다. 그 잠재성이 주어진 맥락에서 어떻게 작용하는가에 따라 강점 또는 약점으로 평가된다. 원하는 결과를 얻는데 효과적으로 기여하면 강점, 기여하는 바가 낮으면 약점이다.

영업직에서 일하는 김 팀장의 대인관계 스킬과 공감은 강점으로 작용하지만, 그가 전략기획실에서 일한다면 기획력, 분석력, 전략적 사고 등이 강점 요소로 간주된다. 그가 가지고 있던 이전의 강점 요소는 더 이상 중요하지 않다. 그의 강점으로 이러한 요구에 대처하는 데는 한계가 있다. 맥락이 바뀌면 요구되는 평가 기준이 달라지고 따라서 그는 다른 잣대로 평가받게 된다.

인간은 결정론적으로 어떤 속성을 갖고 태어나지 않는다. 새로운 우주관으로 인류사의 일대 전환을 이룬 아인슈타인도 1%의 재능과 99%의 노력으로 자신의 성취를 설명하고 있다.

2007년 스탠포드 대학교의 심리학자인 캐롤 드웩Carol Dweck은 실패에 대한 사람들의 반응을 연구한 결과, 두 유형의 사고방식을 밝혔다. 바로 성장형 사고방식growth mindset과 고착형 사고방식fixed mindset이다. 전자는 성장 가능성을 믿고 실천하지만, 후자는 성장 가능성에 부정적이다. 학교생활이나 사회생활에서 원하는 결과를 이루는 사람들은 성장 마인드를 가진 사람이다. 드웩은 사고방식이 불변이 아니라 사람들이 성취를 이루는 과정에서 능력에 대한 인식을 바꾸도록 하여 변화시킬 수 있다는 것을 연구를 통해 확증했다. '당신은 어떤 강점과 약점을 가지고 있다'는 인식은 또 다른 유형의 고착형 사고방식이다. 성장형 사고방식을 가질 때 마음이 유연해진다.

### 약점에 민감해지는 진짜 이유

원하는 상태와 현재 상태의 격차가 클 때 마음이 떠돈다. 전국 대리점을 총괄하는 한 영업부문 담당 임원은 실적이 목표치를 밑돌면 불같이 화를 냈다. 그는 욱하는 감정표현이 자신의 약점인 것을 알지만 막상 저조한 영업실적으로 보면 카멜레온처럼 돌변했다. 그는 성과 목표를 달성하고 있었지만 성과관리 리더십 부분에서는 부족함을 보였다.

그가 자신의 약점에 민감해지는 이유는 성공해야 한다는 마음으로 실패를 보고 있기 때문이다. 영업실적이 그의 성공 잣대에 미치지 못할 때, 그의 마음은 늘 떠돌았다. 마치 상상 속에서라도 성공을 이루려는 것 같았다. 이러한 생각 스타일로 인해 그는 실패 그 자체를 직면하지 못했다. 영업실적에 대한 객관적인 분석 자료가 있지만 그는 자신의 생각을 믿었다. 그리고 실패를 자신의 무능함으로 돌렸다. 그에게 필요한 것은 먼저 원하는 결과를 얻지 못했을 때 생겨나는 정서를 다루는 법을 아는 것이다. 실패를 부정적으로 보면 부정적 감정이 일어나고, 긍정적으로 보면 긍정적 감정이 일어난다. 실패보다 무서운 것은 그 실패에 민감해지는 것이다.

실패했을 때, 다음에는 더 좋은 결과를 만들어 낼 수 있다는 희망을 선택해보자. 실패할 때 그 원인을 쉽게 내적으로 돌리거나 외부요인으로 돌리면, 자신의 내면을 강하게 할 기회를 놓치게 된다. 실패를 객관적으로 보고 직면하는 용기가 필요하다. 실패를 결과로 보지 않고 목표를 이루어 가는 과정에서 발생한 한 개의 사건으로 보는 것이다. 또한 실패로 인해 잃은 것보다 학습한 것을 알아차리는 것이다.

### 자신의 강점을 관찰하고 분석하라

맥락이 달라지면 강점이 약점이 되고, 약점이 강점이 된다. 따라서 자신이 처한 맥락에서 자기 관찰과 타인의 피드백에 주목할 필요가 있다. 다음과 같은 방법으로 자신의 잠재성을 관찰하고 분석해 보자.

**STAR 성공 사례 분석법.** 상대방에게 자신의 대표적인 성공 사례를 떠올려 보도록 한다. 그리고 그 사례가 당시 어떤 상황이었는지[situation], 구체적으로 설명해 줄 것을 요청한다. 이어서 그때 수행한 과제는 무엇이고[task], 그 과제를 수행하기 위해 실제로 한 행동은 무엇인지[act], 마지막으로 그 행동의 결과가 무엇인지[result]를 질문한다. 상대방에게 "원하는 결과를 이루도록 한 것은 당신의 무엇입니까?"라고 질문했다. 이에 대한 답이 그 사람의 강점이다.

5명이 한 조가 되어 서로의 강점을 찾도록 도울 수 있다. 한 사람이 STAR 분석법에 따른 경험을 이야기 하면, 그 사람의 강점을 최소 3개 추론하여 메모지에 적는다. 돌아가면서 자신의 생각을 대상자에게 들려준다. 대상자는 모든 사람의 의견을 듣고 자신의 강점을 선택한다. 같은 요령으로 모든 사람이 참여한다.

**칭찬 목록 분석하기**. 타인은 나를 어떻게 볼 것인가? 타인 피드백을 통해 자신의 강점을 발견하는 방법이다. 최근 1개월간 주위 사람들이 나를 칭찬해 주었던 일을 기억해 보자. 순서와 관계없이 기억나는 대로 적어본다. 한 장의 카드에 하나의 칭찬을 적는다. 더 이상 기억나지 않는다면, 2개월 전에 받았던 것도 같은 요령으로 작성해 본다. 작성을 마치면 칭찬 목록을 공통 주제별로 분류해 본다. 당신의 강점은 바로 그 공통된 주제이다. 다른 사람이 본 당신의 강점이다. 타인의 피드백에 대해 기억하기 어렵다면 앞으로 1개월 단위로 타인의 칭찬을 정리하고 분석해 본다. 또는 자신을 잘 아는 가족, 친구, 모임 구성원에게 자신의 강점을 무엇이라고 생각하는지 피드백을 요청한다.

**강점 집중 탐구하기**. 당신을 포함해 서로 잘 안다고 생각하는 4명(A, B, C,

D)이 한 조가 된다. 먼저 3명(A, B, C)이 나머지 한 사람(D)이 가지고 있는 강점에 대해 돌아가면서 최소 5개를 말해준다. 각자 메모지 한 장에 한 가지 강점을 적는다. 모두 강점을 적었다면 돌아가면서 적은 내용을 읽어주고 메모지를 당사자(D)에게 전해 준다. 같은 요령으로 나머지 사람들도 모두 피드백을 한다. 당사자는 가장 빈도가 높은 강점을 찾는다. 3명은 은유적으로 강점을 묘사해준다. 예를 들면, 타인에 대한 봉사와 헌신이 뛰어난 것이 강점이라면, '슈바이처' 또는 '테레사'라고 정해본다. 당사자가 이에 동의하면, 그 이름을 자신의 강점에 대한 별칭으로 받아들인다. 같은 요령으로 참석한 사람의 강점을 찾고 이미지를 만들어 본다.

## 관점 확대로 사고의 유연성 키우기

사람들은 자신만의 관점을 가지고 있다. 그 관점으로 세상을 보고 판단하고 결정한다. 직무 경험과 관련 지식이 쌓이면, 그 분야에 대해 전문성을 갖는다. 전문가는 그 분야의 다양한 정보와 지식, 사건과 현상들에 대해 몇 개의 대표적인 개념들을 바탕으로 논리적 관계로 설명할 수 있는 관점을 가졌다고 말할 수 있다.

전문분야가 아니라도 관점을 가졌다는 것은 바라보는 대상에 대해 정리된 생각을 갖고 있다는 뜻이다. '나는 이렇게 생각해', '나는 이런 느낌이 좋아'라는 말은 관점을 뜻한다. 다른 사람들과 사회적 관계를 맺는 모든 활동에는 관점이 작동한다. 관점은 대상이나 사건, 현상을 바라보는 태도이며 위치와 방향을 뜻한다. 그 시작이 바로 나 자신이다. 자신의 인지와 정서가 관점을 구성하는 기본 요소이다.

관점은 세상을 보고 탐구하는 길을 제공하지만 그 관점에 묶이면 경직되기 쉽다. 상자 밖의 사고를 하는 것이 아니라 상자 안의 사고를 하는 것이다. 나르시즘에 빠질 수도 있다. 개인이나 조직이나 '성공의 함정'에 빠질 수 있다. 그동안 잘해왔던 방식, 성공을 만들고 견인해 왔던 방식에 안주하는 것이다. 상황이 급변하고 위기가 왔을 때, 성공에 취해 변화를 읽지 못하게 된다. 이러한 경직에서 벗어나기 위해서는 다양한 관점을 갖는 노력이 필요하다.

다양한 관점이란, 대화의 주제를 다르게 바라보고 생각하는 태도나 해석을 말한다. 다시 말해 관점의 가변성을 다루는 것이다. 기존의 관점에 생각하는 태도나 해석에서 변화를 주고, 그에 따른 주제에 대한 느낌과 생각을 다변화시키고 확장시키는 것이다. 마치 떠도는 생각의 내용을 바꿔보도록 함으로써 가변성을 끌어내는 것과 같다.

문제를 해결하는 나만의 방식이 있는데 그 방식으로는 더 이상 전진할 수 없을 때 주의가 이탈하면서 마음이 떠돈다. 만일 그 순간에 다양한 관점을 가지고 있다면 주의를 다른 관점에 기울일 수 있다. 이렇게 함으로써 마음이 방황하지 않고 새로운 관점, 다양한 관점에서 사고할 수 있다.

코칭에서 만난 두 리더의 사례를 소개한다. 이들은 직면한 문제에 대해 각자 자신만의 관점이 있지만 기존의 상황이 달라지면서 당황해 하고 있다. 여러분이 같은 상황에 있다고 상상해 보자. 그리고 여러분 나름의

**관점을 바꾸는 6단계 대화법**

- 단계 1: 해결하고 싶은 이슈에 이름을 붙인다.
- 단계 2: 현재 가지고 있는 관점을 확인한다.
- 단계 3: 유용하고 가치 있는지를 확인한다.
- 단계 4: 다른 관점이 있을 수 있는지 찾고 탐구한다.
- 단계 5: 탐색한 관점들을 리뷰하고 가장 유용한 관점을 선택한다.
- 단계 6: 선택한 관점을 실행하기 위한 방법과 계획을 수립한다.

해법을 찾아보기 바란다.

## 다양한 관점을 통해 자기인식을 확장했다

그의 사업부 규모가 커지면서 맡은 업무량이 많아졌지만 인력의 증가는 미미했다. 그는 업무에 대한 전문성을 갖춘 인재를 찾았지만 실질적인 충원을 계속 미루었다. 그는 사업부 인력의 역할과 책임을 조정하고, 이직 가능성이 높은 인력을 찾아 이직하지 않도록 관리하는 것이 현실적이라고 판단했다. 이러한 업무 환경에 변화가 있을 때 코칭 프로그램에서 그를 만났다.

몇 번의 코칭 미팅이 있은 후 그가 고민하고 있는 인재관리 이슈를 털어놓았다. 사업부원들의 평균 나이는 30대 중반이었고 대부분 직무전문성을 갖추고 있으며 유능한 인재들이었다. 그 중에 업무 성과도 탁월하지만 이직 가능성이 높게 분류되는 연장자가 있었다. 사업부장은 그와 이직 면담을 두 차례 가졌고, 그가 이직을 확정할 경우에 대비해 새로운 인재를 찾고 있던 중이다.

나는 사업부장에게 관점을 바꾸는 6단계 대화법을 적용했다. 먼저 사업부장으로 하여금 대화의 이슈를 선정하고 이름 붙이도록 했다. 이어서 그의 이직 이슈에 대해 다양한 관점을 가져 보도록 했다. 사업부장과의 대화에서 이직에 대해 생각하고 느낀 것은 이미 들어 알고 있었기 때문에 완전히 다른 관점을 제시했다. 이때 사용한 관점은 코칭에서 만난 조직 리더들이 가지고 있는 7가지 변화 요구였다: 구성, 시선, 인식, 협업, 희망, 동기, 탐구(이석재, 2020).

코치는 사업부장에게 살펴보고 싶은 관점을 선택하도록 했다. 한 예로 사업부장이 '구성'을 선택했다. 다음 단계로 그는 구성의 관점에서 직원의 이직을 생각했다. 사업부장은 새로운 인력으로 사업부를 구성하는 것과 인력 재배치를 할 가능성도 생각했다. 이와 같이 구성의 관점에서 떠오르는 대로 긍정적인 생각 또는 부정적인 생각을 해본다. 그러한 생각을 할 때 떠오르는 감정도 사실적으로 느껴본다. 그리고 더 이상 구성의 관점에서 생각할 것이 없으면 다음 관점으로 넘어 간다.

사업부장이 선택한 관점들은 그가 이전에 미처 생각하지 못한 것을 끄집어내는 데 효과적이었다. 그는 자신의 생각을 말하면서 내면을 관조하는 시간을 가졌다. 관점 확대를 위해 사용한 7가지 관점도 있지만 브레인스토밍 기법을 활용하여 찾기도 했다. 갈등 관점이 대표적이다. 다양한 관점에서 이직을 살펴 본 후, 관점 별로 그 동안에 떠오른 생각과 느낌을 차분히 되돌아보았다. 그리고 가장 울림을 주는 관점을 선정했다. 이어서 그 관점이 사업부장 자신에게 주는 시사점은 무엇인지를 정리했다. 이제 정리한 생각에 따라 행동하는 것만 남았다.

그 다음 미팅에서 사업부장은 연장자와 이직 대화를 성공적으로 했다고 말했다. 사업부장은 처음 면담에서 예기치 못한 실수를 했던 것과 그의 이직 면담에 대해 감정적으로 대응한 것을 되돌아보았다. 그리고 연장자는 이직에 대해서 유보하기로 결심했다.

### 관점 확대를 통해 자신의 역할을 찾다

조직의 리더로 성장하면서 흔히 갖는 고민은 일과 삶, 실행과 존재의 균형을 잡는 것이다. 한 중견기업의 여성 팀장은 큰 짐이었던 육아 문제를 거의 벗어났지만, 여성이라는 존재감과 성과를 내야하는 리더로서의 역할 수행이 늘 갈등이었다. 팀장 경력과 연차가 쌓이면서 임원으로 승진할 수 있고, 내심 더 성장하고 싶기 때문이다. 자신이 여성 리더로서 역할을 잘 해낼 수 있을지에 대해 진지하게 고민하기 시작했다. 마침 외부 전문코치가 진행하는 코칭 프로그램에 참여할 수 기회를 가졌다. 어느 화창한 날, 팀장과 첫 미팅을 가졌다.

나는 그에게 7가지의 변화 요구(구성, 시선, 인식, 협업, 희망, 동기, 탐구)가 갖는 정의를 간략히 소개했다. 그리고 변화 요구의 관점에서 '여성 리더의 역할'을 생각하도록 안내했다. 이러한 관점 코칭에 참여하는 리더들은 자신의 생각을 끌어내어 관점으로 정리하고, 관점에 이름 붙이는 활동에 적극 참여 한다. 그러나 대개 새로운 관점을 취할 때는 코치의 도움을 받고 싶어 한다. 코칭 시간이 제한된 경우, 코치가 새로운 관점을 제공하는 것이 효과적이다.

나는 그에게 변화 요구 관점에서 원하는 것을 선택하도록 했다. 그리고 그 관점에서 코칭 주제인 '여성 리더의 역할'을 바라보고 떠오르는 생각과 의미들을 말하도록 했다. 자신이 선택한 관점에 포함된 생각과 느낌을 살펴보면서 주제에 대해 탐구하는 것이다. 주제를 다양하게 바라보면 주제에 대한 자신의 전체 사고를 이해할 수 있고 그 과정에서 원하는 답을 찾을 수 있다. 2주 후 팀장과 미팅을 가졌다.

그는 '선한 영향력을 가진 여성 리더'가 되고 싶어 했다. 이 생각은 지난 관점 코칭 미팅의 주제로 여성 리더 역할에 대한 탐구뿐만 아니라 팀장 역할을 하며 겪은 시행착오에서 나온 삶의 이야기이다. 그 이야기 속에 자기 발견, 성찰과 통찰의 결과가 녹여져 있다. 그 다음의 코칭 주제인 삶의 목적 찾기는 쉽게 진행됐다. 나는 그에게 삶에서 추구하는 가치, 그 가치를 일상에서 실천했을 때의 결과물, 그 결과물이 가치와 일치하는지에 대해 이야기를 나눴다. 그리고 그 가치 실현은 자기 자신을 포함해 가정과 타인,

사회에 어떤 영향을 미칠 수 있는지에 대해 대화를 나눴다. 그는 삶의 가치를 봉사와 기여로 정했다. 삶의 목적은 자신의 삶을 통해 타인에게 봉사하고 기여하는 것이다. 그는 봉사와 기여하는 삶을 살고 싶어 했다.

관점을 확대하면 생각이 깊어진다. 하나의 관점을 가지면 그 관점에 대해 세밀한 느낌과 생각을 가질 수 있다. 그러나 다른 관점을 만나면, 부딪히고 깨지기 쉽다. 관점을 확대하면, 그만큼 생각할 수 있는 다양성을 갖게 된다. 다양성은 생각을 풍부하고 유연하게 만든다. 또한 관점 확대는 인식 능력을 향상시킨다. 그는 코칭 주제를 다양한 관점에서 탐구하면서 자기인식 능력도 향상되는 것을 경험했다. 자기의 관점에서 코칭 대화를 재빨리 정리하고 시사점을 찾아 요약하고 다음 대화를 준비하는 스킬도 키웠다. 그는 대화 말미에 목적 있는 삶을 살기 위해서는 자기 수련과 관리가 꼭 필요하겠다고 생각했다. 그도 그랬듯이 평소 자기인식을 하는 사람은 관점이 확대되는 순간 통찰을 경험한다.

### 요지부동의 상대 관점을 바꾸는 방법

관점에는 자기중심성이 깊게 자리 잡고 있다. 성공적으로 진행한 관점 변화는 다음과 같은 4단계를 거친다. 독자는 자신과 갈등관계에 있는 한 사람을 떠올려 본다. 그리고 다음 단계를 따라가며 각 질문에 대한 답을 찾아본다.

### 단계 1

달리 보도록 한다. 갈등관계에서 무엇을 어떻게 달리 볼 것인가를 생각한다. 떠오르는 생각 가운데 갈등관계를 근본적으로 개선시킬 수 있는 관점을 한 개 선택한다. 이때 자기중심성이 작동할 수 있다. 그러나 자기중심성이 살아 있을 때, 자신이 달리 해볼 수 있는 것으로 생각한다. 선택하면 실행할 가능성이 높다. 이 단계는 준비단계이다. 관점의 변화를 끌어낼 수 있는 유연한 마음의 상태를 만드는 것이다. 다음 질문은 유연한 마음을 갖게 하는 데 도움이 된다.

- 지금 가능한 것은 무엇입니까?
- 이전에 해보고 싶었지만 하지 못한 것은 무엇입니까?
- 지금 이 상황에서 당신에게 가장 중요한 것은 무엇입니까?
- 지금 중단해야 할 것과 계속해야 할 것은 무엇입니까?
- 이전에 해왔던 것보다 한발 앞으로 더 나아가는 것은 무엇입니까?
- 당신이 존경하는 사람은 어떻게 할 것으로 생각합니까?

### 단계 2

자신의 관점을 내려놓는다. 먼저 평가하고 판단하고 심판하지 않는다. 상대방의 관점과 생각을 있는 그대로 받아들이는 마음의 준비를 한다. 자신의 관점을 내려놓을 때, 상대방의 관점에서 그가 말하고 느끼고 행동하는 것을 읽을 수 있다. 또한 이 상태에서 상대방을 보면, 상대방에 대한 기존의 관점이 질적으로 달라진다. 서로의 모습을 있는 그대로 보게 된다. 다음 질문은 자신의 관점을 파악하고 개선시키는 데 도움이 된다.

- 상대방과 대화할 때 당신이 가장 힘들어 하는 것은 무엇입니까?
- 당신이 상대방과의 대화에서 일관되게 피하려는 것은 무엇입니까?
- 상대방과의 대화에서 당신이 주저하는 것은 무엇입니까?
- 상대방의 말을 듣지 못하도록 방해하는 당신의 습관은 무엇입니까?
- 당신이 대화하기 싫어하는 상대방은 어떤 사람입니까?
- 당신이 효과적인 대화를 하기 위해 바꾸어야 할 점은 무엇입니까?

### 단계 3

상대방의 입장을 취한다. 상대방의 관점을 공감하는 적극적인 방법이다. 상대방과 대화를 하면서 서로의 시각 차이를 좁힐 필요가 있을 때 '입장 바꾸어 보기' 스킬을 활용한다. 입장은 사전적인 의미로 '당면하고 있는 상황'이다. 상황은 객관적인 것이다. 그러나 그 상황을 어떤 시각에서 볼 것이냐는 주관적이다. 입장을 바꾸어 놓고 생각해 보라는 것은 사건을 해석하는 시각을 달리 취하라는 것이다. 입장을 바꾸어 보는 것은 두 가지 측면에서 가치가 있다. 하나는 원인을 알게 되어 시각 차이를 좁힐 수 있다. 다른 하나는 새로운 정보를 얻기 때문에 기존의 시각을 확대시킬 수 있다. 독자는 다음 단계를 따르면서 탐구 질문에 답을 만들어 본다.

1. 상대방의 입장을 취한다. 상대는 이 상황을 어떻게 보고 있을까? 그가 원하는 것, 중요하게 생각하는 것, 불편하게 생각하고 있을 것을 정리해 본다.
2. 제3자의 입장을 취한다. 당신과 상대방의 대화를 듣고 있던 관찰자가 있다고 상상해 본다. 그 사람은 이 상황을 어떻게 보고 있을까? 그 사람은 두 사람간의 관계를 어떻게 본다고 생각할까? 그 사람이 두 사람의 관계가 개선되길 바란다면 어떤 의견을 줄 것으로 생각하는지에 대한 당신의 생각을 정리한다.
3. 상대방에게 변화의 명분을 준다. 내가 이성적이고 합리적인 사람인 것처럼 상대방도 그러한 존재이다. 따라서 상대방의 관점을 바꾸고 싶다면 그에 상응하는 이유를 주어야 한다. 상대방이 나의 말을 경청하고 변화를 보이고 싶은 동기를 자극하는 요인은 무엇일까?
4. 학습한 것을 요약한다. 입장을 바꿔보면서 당신이 알게 된 것과 새로

운 정보를 정리한다. 지금까지 서로의 입장 차이를 보인 근본 원인을 정리한다. 그리고 이러한 차이와 갈등 간의 관련성이 있는가?

입장을 바꾸어 보는 것은 다른 관점이나 사고의 틀을 경험하는 것이다. 역지사지는 나를 포기하는 것이 아니라 나를 확장시키고 성숙시키는 인지전략이다.

### 단계 4

관점 변화계획을 수립한다. 지금까지 관점 변화가 필요한 상황을 인식하고 관점의 차이를 줄이고자 당신의 관점을 내려놓고 상대방의 입장을 취해 보았다. 다음과 같은 질문은 구체적인 관점 변화를 위한 계획을 세우는데 도움이 된다.

- 현재의 상황을 해결하기 위해 이전과 다르게 행동해 볼 것은 무엇입니까?
- 그 행동을 하는데 어떤 어려움이 있습니까?
- 예상되는 장애요인은 무엇입니까?
- 당신이 선택한 것을 실행으로 옮기기 위해 무엇을 하겠습니까?
- 언제까지 해보겠습니까?

## 통찰 심화로 경직성에서 벗어나기

마음이 떠돌면서 생각도 많아진다. 그 생각들은 각기 독립적일 수도 있지만, 다양한 관점을 취해보는 과정에서 서로 연계되면서 통찰을 갖게 한다. 통찰은 창의적인 생각의 숙성 단계이다. 통찰을 통해 문제를 해결하고 마음도 유연해진다. 유연한 마음은 사고가 경직되지 않은 상태이다. 완벽주의, 낙관 또는 비관, 가정을 깔고하는 사고를 하지 않는 것이다. 유연한 마음은 통찰이 일어날 수 있는 심리적 상태이다.

통찰은 사람들이 직면한 어떤 상황이나 문제에 대한 본질을 깨닫는 능력, 혹은 그 능력이 발휘된 모습을 말한다. 흔히 즉각적인 이해나 '아하'라는 순간적인 돌발 경험, '유레카'라는 경이로운 정서 경험이 일어난 경우를 뜻한다. 이와 같은 결과가 나타나기 위해서는 당면한 상황이나 문제를 관찰하고 숙고하고 재해석하는 과정을 통해 기존의 상황 인식과 문제해결을 재구조화하는 인지적 활동이 있어야 한다.

통찰이 일어나기 전까지는 무관해 보였던 많은 개념들을 새로운 의미 차원에서 통합적으로 연결하게 된다. 통찰이 일어나면 기존의 사고 틀에서 벗어나게 되어 자유로움과 같은 정서를 체험하게 된다.

통찰은 문제에 대한 부분적인 해결이 아니라 문제의 전체적인 해결을 이룬다. 당면한 문제에 대한 해결방안들을 전체적으로 조망하면서 실현 가능성이 가장 높은 것을 찾아낸다. 이런 상황에서 해결방안을 더 명확하게 하고 그 과정에서 또 다른 통찰이 일어날 수 있다. 통찰은 창의성이 결합될 수 있는 인지적 상태며 경영적 가치를 찾고 혁신을 이루는 근원적 자원이다.

사람들이 갖고 있는 변화 요구는 삶을 주도적으로 살고자 할 때 갖는 삶의 주제이다. 떠도는 마음에 대한 부정적 인식을 긍정적으로 전환시키고 자신의 관점에 묶여 있는 경직성을 유연하게 하는 것은 중요한 변화 요구이다. 변화 요구에 대한 자각으로 생각과 느낌에 변화가 일어나고 순간 통찰을 경험할 수 있다. 여기서는 변화 요구에 대한 답을 찾아가는 과정에서 사람들이 경험한 통찰을 소개한다. 독자도 사례 속의 주인공이 되어 어떤 통찰을 경험할 지 상상해 보자. 이를 통해 삶의 현장에서 개념적인 통찰을 간접적이지만 현실감 있게 체험해보자.

### 갈등 과정에서 학습한 통찰

사람들이 만나 교류하는 과정에 정신 통제는 흔히 일어난다. 가까운 부부간의 대화에도 정신 통제의 과정이 작동한다. 상대방을 자신의 영향력 범위 안에 두려고 한다. 남편은 아내에게 말하고 싶은 불만이 있었다. 그러나 평소에는 마음속에 그 생각을 억누르고 있었다. 그런데 어느 날 대화를 하던 중 남편으로서 자존심이 상했다. 남편이 억누르고 있던 생각은 자신의 자존심과 관련된 것이었다. 그날따라 자신을 무시하는 듯한 아내의 말에 자존심이 상한 남편은 마음이 떠돌기 시작했다.

자신에 대한 아내의 생각이 궁금했다.

'도대체 이 사람은 나를 뭘로 보는 거야?'

가장이며 남편으로서 자신의 역할에 대한 평가, 존중 여부, 관심과 지지에 대한 불만 등 기억에 담아 두었던 소소한 것들도 모두 의식으로 떠올랐다. 의식에 떠오른 생각들이 떠돌면서 감정이 점점 올라갔다. 결국 욱하는 감정에 평소 갖고있던 불만보다 더 심각하게 소리치며 드러내고 말았다. 그는 냅다 소리치고 말았다.

"집안 살림하면서 이 정도는 기본적으로 챙겨야 하는 것 아냐?"

자신도 말을 하면서 자신의 격앙된 모습에 흠칫 놀랐지만, 한편으로는 그렇게 말하고 있는 자신을 보면서 아주 싫지만은 않았다. 한 번쯤 공개적으로 드러내고 싶었다. 그는 사실 아내에게 미안한 마음도 있다. 그러나 미안하다는 말을 하기에는 이미 상황이 심각해진 상태여서 몇 번을 사과하려다가 포기했다.

왜 사과를 포기했을까? 포기하지 않았다면 상황은 어떻게 전개됐을까? 만일 아내가 남편의 속마음을 눈치 채고 "지금 그렇게 말하지만 속으로는 미안하지?"라고 말한다면 상황은 어떻게 됐을까? 아무리 갈등이 깊고 심각하다고 해도 관계를 복원시킬 수 있는 틈새는 있다. 그는 '갈등의 해결은 내용보다 선택에 달려있다.'는 점을 통찰했다.

### 진정한 삶의 주인공에 대한 통찰

인식은 인간의 내적 변화나 외적인 환경을 직접 지각하고 느끼고 아는 능력이다. 인식은 심리적으로 집중한 상태에서부터 일반적인 상태, 깊은 수면과 혼수상태까지 폭넓게 일어난다. 인식이 일어나는 정신 상태가 의식이다. 정상적인 상태에서 인식은 논리적이고 합리적이다. 그러나 주의 집중이나 계획적인 의도, 깊은 생각, 정신 상태에 위협과 충격을 가하는 사건을 접하면 왜곡이 일어난다. 복잡하고 예측 불가능한 환경에서 자기 중심을 잡고 주도적이며 적극적으로 자신의 삶을 만들어 가기 위해서는 인식이 늘 깨어 있어야 한다.

이성적이며 합리적이고 전략적인 마인드를 갖추었다고 하더라도 예기치 못한 사건에 의해 건강한 인식 능력을 잃어버리고 중심을 잃는 경우도 있다. 그 팀장을 처음 만났을 때, 무기력한 모습에서 심리적으로 불안하다는 느낌을 받았다. 그는 예기치 못한 실패를 경험하기 전까지는 실패를 모르고 살았다. 정규 고등교육과 대학, 대학원 교육을 소위 명문이라는 곳에서 이수하였다. 회사 내에서도 핵심인재로 선발되어 다양한 직무 경험을 쌓는 과정에 있었다. 그는 외국에서 신규 시장을 개척하고 있었다. 글로벌 경기침체로 제품 판매 경쟁이 심하고 해외 지점의 직접 경비 등 비용이 늘어나면서 사업을 접고 귀국 길에 올랐다. 그가 경험한 첫 번째 실패였다.

그는 깊은 무력감에 빠졌다. 그는 자신에게 실패자라는 주홍글씨를 새겼다. 그리고 실패를 심리적인 한(恨)으로 마음 깊이 담아 두었다. 풀지 못한 한은 그의 업무능력과 조직관리능력, 의사소통과 사회관계망을 무력화시켰다. 직장뿐만 아니라 가정에서도 대화가 위축되고 부족했다. 나는 그에게 한의 실체를 찾아 볼 것을 제안하였다. 상처받은 정서를 탐색하는 데는 심리치료법인 포커싱 focusing (Gendlin, 1978)이 효과적이다. 나는 포커싱을 통해 그의 한을 찾아보았다. 그의 몸 어디에서도 찾아 볼 수 없었다. 나는 코칭 과제로 자신의 몸 어느 부분에서 한을 느껴볼 수 있는지 포커싱을 쉽게 알려주었다.

몇 주가 지난 후 그를 만났다. 그의 표정은 몹시 밝았다. 그는 한을 찾기 위해 여러 차례 시도를 해 보았지만 어디에서도 찾을 수 없었다고 말했다. 한(恨) 찾기를 통해 그가 알게 된 것은 한은 실체가 아니라 실패자라는 자기인식이 만든 허상이라는 점이다. 그 순간 '삶의 주인공이 자신이 아니라 허상인 한이었다'는 것을 통찰했다. 그동안 삶의 주인 자리를 허상에게 내어준 것이다.

그는 통찰을 통해 상자 안에 갇혔다가 상자 밖으로 나왔다. '나는 실패자'라는 경직된 사고에서 벗어났다. 그는 새로운 경험에 마음의 문을 열고 도전하고 싶어 했다. 새로운 가능성과 기회를 찾는 활력을 얻었다. 그는 자신의 깨달음을 바탕으로 자신과 유사한 경험으로 힘들어 하는 주위 동료와 후배 직원을 돕고자 했다. 팀장은 직접 그들을 찾아가 자신의 경험을 공유했다. 인식은 자기 존재감을 키우고 자기 삶을 주도하는 에너지원이지만 인식이 왜곡되면 스스로 그 굴레에서 벗어나기 쉽지 않다.

**포커싱 기법 6단계 사용하기**

- 주변 정리하기: 자기에게 집중할 수 있는 환경을 조성한다(Clearing a space).
- 감각 느끼기: 몸의 내부에서 일어나는 감각을 느낀다(Felt sense).
- 이름 붙이기: 감지된 느낌의 질적 속성을 정의하고 이름 붙인다(Handle).
- 탐색하기: 감지된 속성을 명확히 파악할 만큼 느끼며 탐색한다(Resonating).
- 묻기: 감지된 속성이 무엇을 말하는지 묻는다(Asking).
- 받아들이기: 밝혀진 속성과 머무른다(Receiving).

## 작은 감사의 큰 생명력에 대한 통찰

사람들은 어려운 문제에 직면했을 때, 그 문제로 고민한다. 문제를 해결하는 방법으로 여러 정보를 수집하고 분석하고 종합하는 데 많은 시간을 투자한다. 그러나 많은 시간을 투자한다고 원하는 결과가 보장된 것은 아니다. 코칭에서 만난 외국계 기업의 한 임원은 심각한 고민에 빠졌다. 벤처기업을 창업해 엄청난 돈을 벌었지만 자금관리에 실패하면서 그는 기업을 청산하고 기술적인 면에서 경쟁 상대였던 기업에 임원으로 들어갔다. 생각만 해도 분통이 터지는 일이었다. 가까운 사람에게 돈을 빌려주었던 것이 화근이었다. 회사를 정리한 이후 더 큰 문제는 다른 곳에 있었다. 바로 자기 자신이었다.

그는 자금관리에 실패한 이후 느꼈던 무력감을 처음에는 간단히 생각했다. 그러나 시간이 갈수록 무관해 보였던 다른 사건 사고가 모두 자신의 무능력과 연결되기 시작했다. 무관했던 정보들은 의미 있는 정보가 되고, 본래의 뜻이 왜곡되면서 무능력과 한 덩어리로 변했다. 온갖 떠도는 생각에 무력감은 갈수록 커지고 견고해졌다. 왜곡된 생각이 설득력을 갖고 그렇게 믿기 시작했다. 관련 생각을 반복하다 보니, 그 생각을 자극하는 단서들도 생활 주변에 쉽게 생겼다. 우울한 기분, 슬픈 드라마와 음악, 사무실에 널려 있는 정보통신기기, 성공한 사람에 대한 이야기 등이 모두 무력감을 상기시키는 단서로 작용하였다. 기술전문가로서 평판이 높았고 벤처기업을 키우면서 자존감은 치솟았지만, 실패 앞에서는 너무 쉽게 무너져 내렸다. 어느 때는 삶을 포기하고 싶었다.

나는 그에게 감사 일기를 쓰도록 권하였다. 매일 출근해서 노트북을 켜고 지금 이 순간이 감사한 이유를 찾아 작성해 보도록 하였다. 밤에는 취침에 들기 전에 감사 일기의 내용을 읽어 보고 감사를 깊이 받아들이는 의식을 취하도록 했다. 그는 감사 일기를 이메일을 통해 아내에게 보냈다. 가정을 지켜준 아내에게 감사를 전했다. 때로는 자녀에게 보냈다. 감사 일기를 쓰면서 그에게 통찰이 일었다. '진정한 작은 감사가 큰 생명력을 가졌다'는 것이다.

이 순간이 감사한 이유를 적는 것은 그날 하루의 삶을 시작하는 닻 역할을 하였다. 일기를 쓰고 난 이후 일어나는 사건들을 바라보는 시선이 달라졌다. 무력감에 젖어 있던 때의 좁은 관점이 긍정적인 방향으로 넓어졌다. 자존감을 지탱했던 기술전문가에서 후배들의 성장을 돕고 조력하는 형님 리더십을 발휘하는 모습에 더 큰 자존감을 느꼈다. 지금의 일터와 이 순간을 있는 그대로 받아들였다. 현실과 자기에 대한 수용력이 높아졌다. 마음이 유연해졌다. 그가 무력감을 느끼게 한 많은 돈도 중요하지만, 이 순간을 기쁨과 감사로 채울 수 있다는 생각이 더 가치 있게 느껴졌다. 그는 삶을 포기하려던 길의 마지막 순간에 돌아 왔다고 말했다.

### 통찰을 촉진시키는 효과적인 방법

**조용한 환경이 적합**. 소음이 많고 환경적 자극이 다양하고 복잡한 경우, 뇌는 외부 자극을 처리하느라 의식이 자유롭게 떠돌지 못한다. 이때는 통찰이 일어나지 않는다. 오히려 통찰은 뇌 속의 뉴런들이 상호 연결성이 적은 상태에서 갑작스럽게 연결과 통합이 일어난다(Kounios & Beeman, 2015).

통합에 사용되는 기억은 단기 기억이 아니라 장기 기억이다. 잊힌 기억이지만 희미하게 남아있던 몇 개의 기억, 장기 기억에 있던 정보가 갑자기 연관성을 갖고 결합한다. 의식 수준이 낮은 단계에서 뉴런들 간에 미세한 신호가 전달되고 서서히 그 소통 에너지가 커진다. 어느 순간 갑자기 뉴런들이 연결되고 통찰이 일어난다. "맞아, 그렇지. 그렇게 하면 되겠구나." 통찰은 차분하고 조용한 마음에서 순간적으로 일어난다.

**떠도는 생각, 내면 요구에 집중하기**. 사람들은 당면한 문제에 집중하지 않고 전혀 상관없는 떠도는 생각들에 빠져 있을 때 통찰을 경험했다(Smallwood 와 Schooler, 2015). 공상처럼 이런 저런 생각을 하던 중에 번뜩 통찰이 일어난다. 어려운 문제를 해결하기 위해 집중해 있을 때는 뇌 환경이 통찰에 부적합하다. 집중하던 일을 내려놓고 있을 때, 통찰이 일어날 가능성이 높다. 어려운 문제를 풀기 위해 계속 집중하지 말고, 잠시 하던 일을 덮고 휴식하며 각성된 뇌에 휴식을 주는 것이 좋다.

통찰을 갖기 전에 시각과 청각, 뇌 피질에서 알파 효과가 나타난다(Kounios와 Beeman, 2014). 즉, 사람들이 외부 요구가 아니라 자신의 내면 요구에 집중할 때 통찰이 일어난다. 통찰을 위해서는 자신의 내면을 성찰할 수 있는 안전하고 여유 있는 시간이 필요하다.

**옅은 행복감의 상태.** 뇌 과학에서 통찰의 작동 원리를 연구한 결과를 보면, 통찰은 긴장되거나 불안할 때가 아닌 긍정적 정서를 옅게 체험한 상태에서 일어났다. 정서가 통찰에 미치는 영향을 파악하기 위해 fMRI로 뇌를 촬영했다. 행복하다고 느낄 때, 통찰에 관여된다고 추정하는 뇌 부위가 활성화된 양상을 보였다. 부정적 정서보다 긍정적 정서를 체험할 때, 사람들은 더 창의적인 능력을 발휘했다(Subramaniam 등, 2008).

# 지금의 나를 온전히 받아들이기

마음이 떠돌다 보면 심리적으로 불안하고 동요한다. 일에 집중하다가 원하는 대로 일이 풀리지 않으면 무력감을 느끼기도 한다. 자기 자신을 살피고 객관적으로 평가해 봐도 방황하는 것이 분명하다고 생각한다. 불안한 마음으로 내면을 들여다보면 부정적인 생각들이 꼬리를 물고 이어진다. 무력감에 우울해지고 현실과 격리되는 느낌을 갖기 쉽다. 모두 사회에 잘 적응하며 사는 데 나만 뒤쳐지는 것 같다. 자신을 무력화시키고 외톨이로 만든다. 잠시 부정적 감정에서 빠져 나와 한 발 물러나 보자. 그곳에서 자신을 바라보자. 내 마음의 주인은 따로 있지 않다. 바로 나 자신이다. 내 마음이 흔들리지 말아야 한다. 어떻게 하면 가능할까?

복잡하고 예측 불가능한 환경에서 자기수용은 마음을 유연하게 하고 건강한 삶을 살게 하는 인지 전략이며 행동이다. 건강한 삶을 살기 위해서는 숙련된 자기관리가 필요하다. 숙련된 자기관리는 자신이 생각하는 삶의 목적에 맞게 자기인식, 자존감, 자기수용의 역동적인 관계를 합리적으로 만들어 가는 것이다. 자기인식은 자신이 처해 있는 삶의 맥락과 사회적 관계에서 일어나는 변화를 잘 읽고 자기와 연계해 해석할 수 있는 인지 활동이다. 숙련된 자기관리를 위해서는 자기인식이 늘 깨어있어야 한다. 자기인식이 기능을 못하면 자존감과 자기수용은 긍정적이지 못할 가능성이 높다.

자존감은 특정 삶의 조건 속에서 자기 자신을 긍정적으로 의식하고 평가하는 개념이다. 예를 들어 "나는 성공했다. 그 결과로 나의 자존감이 높아졌다." 높은 자존감은 사회적 통념으로 볼 때 바람직한 모습이다. 이러한 시각에서 사람들은 높은 자존감을 갖기 위해 그 체험을 충족시키는 삶의 조건을 만들려고 애쓴다. 위의 예시에서 삶의 조건은 성공이다. 이 조건을 만들기 위한 우리의 삶은 어떠한가? 기쁨과 행복도 경험하지만 고뇌와 스트레스, 갈등, 타인과의 경쟁 속에서 상처를 주고받는다. 이러한 것들이 심리적인 건강을 해친다. 이러한 문제를 어떻게 해결할 수 있을까? 바로 자기수용의 삶을 사는 것이다.

자기수용은 조건 없이 있는 그대로의 나를 받아들이는 것이다(Ellis, 1994). 사회적 관계를 유지하면서 자기인식과 자존감을 포함해 체험하는 모든 것을 있는 그대로 받아들이는 것이다. 자신의 긍정적인 것과 부정적인 것, 강점과 약점, 가지고 있는 것과 가지고 있지 않은 것 등에 따라 흔들리지 않고 현재의 자기 자신을 온전한 존재로 받아들이는 것이다. 자기수용을 통해 인간은 지속적으로 성장하고 진화하면서 변화를 만들어 낼 수 있다.

### 자기한계를 극복하는 과정에서 자기수용 체험

코칭 대상자의 상사는 성과 지향적이며 조급하고 욱하는 성격의 소유자이다. 과제의 진행 현황과 관련 이슈를 토의하는 회의가 있을 때는 늘 고함을 질렀다. 고함은 단순히 욱하는 감정의 표현이 아니라 거친 언사였다. 어느 날 코칭 미팅을 위해 그의 집무실로 갔다. 집무실 옆에 있는 회의실에서 미팅이 진행되고 있었다. 회의실 밖에서 듣기 거북한 대화를 쉽게 들을 수 있었다. 예정된 미팅 시간을 몇 분 지났을 즈음 회의가 종료되고 상기된 얼굴을 하고 나오는 상사를 힐끗 볼 수 있었다. 그 회의실은 바로 코칭 미팅이 진행되는 곳이다.

잠시 후 코칭 대상자인 임원과의 미팅을 시작했다. 나는 그의 얼굴을 보고 깜짝 놀랐다. 그의 표정이 아주 평온했기 때문이다. 보통 이런 상황이라면 불편함이 어떤 형태로든 감지되는 데 말이다. 지난 코칭 미팅에서 다루었던 주제에 대한 후속 대화를 마치고 조심스럽게 그의 심정을 물어보았다.

그는 자신의 성격을 소개할 때 다른 사람은 자신을 차분하고 온화한 사람으로 보지만, 자신은 다른 사람들이 생각하는 것보다 깐깐하고 소신이 있다고 말했다. 그의 말에서 그만의 독특한 경험과 생활 철학이 있을 것으로 느껴졌다. 이에 대한 그의 생각을 들어보면, 지금 보인 그의 말을 이해할 수 있다.

그는 어려운 상황에 직면했을 때 그 상황을 바라보는 자신만의 방식이 있다고 소개했다. 그 방식을 우연한 기회에 학습했다. 평소 다니던 직장을 그만두고 유학을 떠났다. 급여나 근무환경은 좋았지만 공부를 더 하고 싶은 마음을 지울 수 없었기 때문이다. 젊은 시절에 안전지대를 스스로 벗어나기로 한 첫 번째 선택이었다.

박사 과정을 시작한지 2년 정도가 지났을 때였다. 이미 국내에서 석사 학위를 취득하고 유학을 떠났기 때문에 박사과정의 내용이 생소하지는 않았다. 그러나 생각만큼 쉽게 진행되지 않았다. 과정을 이수하는 것이 점점 벅차고 무력감에 빠졌다. 좋은 직장을 그만두고 고생을 사서한다고 생각했다. 한때 학업을 포기하고 귀국행을 생각했다.

그러나 그는 자신의 한계에 도전하기로 결심했다. 이후 그는 자기 한계를 극복한 성공 체험을 통해 자신이 직면한 현실을 부정적으로 보지 않고 있는 그대로 받아들였다. 자신이 겪는 현실적 어려움은 장애물이 아니라 자기 자신을 발견하는 과정에서 풀어야 하는 과제라고 생각했다. 그 과제를 풀어가는 자기 자신에 대한 믿음과 더 나은 자신을 경험하고 싶었다. 자기 한계를 극복하는 과정에서 주도적이며 도전적인 선택, 자기 발견, 성장 탐구 활동이 몸에 배었다.

그는 과제를 수행하는 과정에서 진척을 보이지 못하는 부서원들을 질책하지 않았다. 오히려 그들의 어려움을 공감하고 자기한계에 더 도전하도록 독려했다. 더 나은 업무성과는 부서원 각자의 한계 돌파에서 나온다고 믿었다. 부서원들이 자신의 한계에 도전하는 과정을 통해 객관적으로 자기 자신을 만나고 수용하도록 기회를 주었다.

자기수용은 유연한 리더십의 토대이다. 상사가 격하게 화를 내는 것은 의도적이거나 상사 자신의 감정관리 한계를 드러낸 것일 수 있다. 따라서 그는 상사의 감정에 의해 휘둘리기보다 자기감정에 집중했다. 자기관리 능력이 뛰어난 리더는 조직 내에서 성공 가능성이 높다. 그는 하반기에 더 큰 규모의 조직을 맡았다.

### 일터에서 자신의 진정한 가치를 알아보자

자기수용은 현재 있는 그대로의 나를 받아들이는 인식이며 행동이다. 자기에 대한 인식은 존재로서의 자기도 있고, 원하는 결과를 만드는 실행을 통해 이루는 성취와 그에 따라 평가한 자기도 있다. 두 가지의 내용이 상호 연결되고 균형을 이룰 때 자기수용의 가능성은 높아진다. 원하는 결과를 만들기 위해 노력하는 과정에서 실패를 거듭하고, 반복된 실패를 통해 무력감이 커진다면 무력감을 해소시킬 에너지원이 있어야 한다. 존재에 대한 가치와 긍정적 자기인식만으로 실행에서 부족한 자신을 치료하고 보듬을 수는 없다.

자기수용은 자신의 긍정과 부정, 강점과 약점 등에 대해 조건 없이 자신의 전체를 있는 그대로 받아들이는 것이다. 긍정적 자기지각이 객관적으로 존재할 때, 사람들은 자기 판단을 멈춘다. 자기 자신에 대해 평가하고 판단하기를 멈출 때 자기수용이 가능하다. 자존감을 높이는 방법은 자기 자신이 수용할 수 없는 점을 찾아 개선시키는 것이다. 이와 같이 자존감이 향상되는 이면에는 자기수용의 조건을 충족시키는 성취 심리가 있다.

일터에서 자신의 가치는 자존감 지각에 영향을 미친다. 자신의 가치를 파악하는 것은 삶의 주체인 자기 자신의 책임이다. 자신이 무엇을 잘하는지에 대해 타인의 피드백을 통해 찾아본다. 성과 피드백 자료, 각종 다면진단 결과 등을 통해 가장 높게 평가된 자기 잠재성을 찾는다. 잠재성의 가치를 알아 볼 수 있는 진단을 활용해 본다.

자신의 잠재성이 일의 성과와 어떤 관계인지를 객관적으로 파악해 본다. 자신의 가치는 스펙이 좋다고 확보된 것이 아니다. 잠재성은 외부의 요구와 평가 기준에 부합하는 결과로 나타나야 한다. 자기평가를 통해 자신의 가치를 가늠해 본다. 자신에게 나는 어떤 존재인가? 어떤 가치를 실현시킬 수 있는지를 자문해 본다. 자기 내면의 목소리가 이에 대해 답을 줄 수 있다.

진정한 자기 가치를 높일 수 있는 구체적인 활동이 있는지를 본다. 호기심을 갖고 지속적인 학습과 성장을 위한 노력은 자신의 가치를 높이는 효과적인 방법이다.

### 자기수용을 적극적으로 실천하기

국내 영업을 담당했던 한 임원은 소속 부원에게 고함치는 자기 모습을 보고 순간 놀랐다. 영업실적이 부진한 것도 아니고, 향후 시장의 흐름을 전망하면서 영업 전략을 논의하는 자리였다. 특별히 문제될 것이 없는 상황이라 그 자리에 있던 회의 참가자들은 모두 긴장했다. 임원이 고함을 치게 된 것은 회의에 집중하지 못하는 모 차장의 시선 때문이었다. 특히 임원이 그를 쳐다보며 대화를 할 때에도 시선을 다른 곳에 두는 빈도가 높았다. 그가 시선을 다른 곳으로 돌렸을 때, 임원은 "똑바로 회의에 집중하지 못해. 지금 이 중요한 자리에서 뭐하는 거야. 모두 진지하게 토론을 하고 있잖아."라고 소리쳤다. 다른 사람들이 놀란 것은 고함 때문이 아니라 평소 임원의 모습과는 너무 달랐기 때문이다.

그의 감정 관리는 엄격한 부모의 양육과 무관하지 않았다. 어린 시절 부모님의 질책이나 훈육이 있을 때에는 자세를 바로 잡고 부모님의 말씀에 집중해야 했다. 자세가 흐트러지거나 집중하지 않으면 몸가짐과 태도에 대한 훈육을 추가했다. 그는 자신도 모르는 사이에 어린 시절 상처받은 내면아이inner child(Diamond, 2008)의 모습을 리더십 행동에 드러냈다.

그는 임원으로 승진할 때, 부원의 입장을 배려하고 포용하는 형님 리더십을 발휘하겠다고 다짐했다. 그러나 겉으로는 태연한 모습을 보였지만 영업실적을 더 올려야 한다는 심적 부담을 갖고 있었다. 임원의 내적 긴장감이 차장의 회의 태도와 자세에 대한 불만으로 전이된 것이다. 그 불만에는 여전히 내면아이가 영향을 미쳤다. 나는 그와 진솔하게 내면아이에 대해 대화를 나눴다. 임원은 내면아이가 아니라 현재의 자기 자신을 인식하고 수용하기로 했다.

**내면아이와 만나는 방법**

- 내면아이와 대화하는 방식을 정한다(예: 대화, 편지 쓰기 등).
- 내면아이와 선정한 방식으로 소통한다.
- 애정을 담아 양육하는 말을 한다(예: "사랑해, 네가 무슨 말을 하는지 잘 들었어. 말해줘서 고마워. 아이야, 미안해"). 이 단계에서 내면아이의 요구를 들어주고 상처를 사랑으로 품어준다.
- 어린 시절 자신의 사진을 바라본다.
- 어렸을 때 자신이 좋아 했던 놀이에 대해 생각하고 글을 쓴다.
- 명상을 하며 시각화한다. 이 단계에서 힐링과 인식 전환이 일어나도록 돕는다.

## 자기수용을 효과적으로 하는 방법

자기수용은 긍정적 자기와 부정적 자기를 포함하는 자기 전체에 대한 지각과 인식이다. 자기수용은 자기에 대한 평가와 판단, 심판을 멈췄을 때 일어날 수 있는 심리이다. 지금 여기, 이 순간에 자신을 바라보는 관점에 대한 것이다. 발달심리학자들의 연구에 따르면, 8세 이전의 아동은 자기를 형성하기 어렵다. 그 전에는 주로 부모, 형제 등이 인정하는 자기상이 아동의 자기형성에 기준이 된다. 이 시기에 형성된 자신의 모습이 성인이 되어 자기 자신을 수용하는데 영향을 미친다.

**자기인식에 대한 이해 높이기.** 자기 자신을 어떻게 지각하고 이해하고 있는지는 자기수용의 과정에서 중요한 출발점이다. 자기인식과 자신에 대한 타인인식에 균형감이 있는지를 알아본다. 자신의 강점과 성취에 대해 정리한다. 주위 사람들이 자신을 어떻게 지각하고 있는지에 대해서도 객관적으로 파악한다.

오른손에는 자기인식, 왼손에는 타인인식을 올려놓는다. 두 손을 번갈아 보며 어떤 관계인지를 탐구한다. 자기인식은 긍정적이거나 부정적일 수 있다. 자기제한적 신념에 따라 자신의 의지와 능력에 한계가 있다고 단정할 수 있다. 긍정과 부정의 내용, 그 이유를 찾는다.

타인인식에 부정적인 내용이 있다면 그 원인을 분석한다. 주위 사람이

나를 신뢰하지 않는다면, 그 이유는 타인의 불안한 마음으로 인해 나에 대해 확신을 갖지 못하기 때문일 수 있다. 나 자신이 신뢰할 수 없는 존재가 아니라, 나에 대해 확신을 갖고 있지 못한 그의 불안이 문제이다. 따라서 나에 대한 그의 인식은 고려하지 않는다. 두 손에 있는 내용을 바라보며 어떻게 받아들이고 있는지를 확인한다. 타인이 나와 다름을 인정하고, 그 다름이 갖는 다양성의 가치와 의미를 존중한다. 두 손이 어느 한쪽으로 기운다면 그 이유를 찾는다.

**자기비판에 대응하기**. 자기 자신에 대해 부정적인 생각을 가지고 있다면 그 생각을 갖게 된 심리를 분석한다. 자신에게 엄격한 잣대를 적용하는지, 완벽주의적인 신념 또는 높은 기대를 하는지 등을 살핀다. 만일 그와 같이 생각한다면, 자기비판은 존재에 대한 것이기 보다 인식의 문제이다. 높은 기대를 한다면 현실적인 기대로 바꿔본다. 실패한 일에 민감하고 무력감과 좌절감을 느낀다면 '그럴 수도 있지'라고 자신을 관대하게 대한다.

자신을 부정적으로 대하는 기본 가정을 갖고 있는지 확인한다. '나는 지적이지 않다'라고 가정하면 작은 실수도 자신의 지적 능력을 저평가하는 근거로 확대 해석할 수 있다. '모든 사람들은 누구나 실수를 한다.'라고 생각하며 확대 해석하지 않는다. 그 가정을 검증한다. 지금까지 성공적으로 일을 마무리했던 경험을 상기시킨다. 또 다른 면에서 전문성과 재능, 능력이 있다는 것에 자부심을 갖는다. 이러한 대응을 통해 작은 실수를 지적 능력의 부족으로 단정하지 않게 된다.

**자기 자신을 품기**. 사람들은 각자 고유한 존재적 가치를 가지고 있다는 신념을 받아들인다. 자기 자신에 대한 생각과 느낌, 정서의 선택은 바로 자신의 것이다(Glasser, 1998). 자신에 대해 연민하는 감정을 갖고 자신을 품어 준다. 다른 사람에게 화를 내고 상처를 주는 말을 했다면 그 사실에 대해 인정한다. '그와 같이 화를 내고 상처를 주는 말은 나 자신에게도 불친절하고 불편함을 주는 것이다.'라고 인정한다. 이때 자기 자신에게 솔직해지고 진정성을 갖는다.

거울에 비친 자신을 보듯이 화를 내고 상처를 주는 말을 한 자신을 보고 그 모습에 연민을 가져보자. '지금은 감정이 격해져서 실수를 했지만, 같은 상황이 다시 일어난다면 더 지혜롭게 대처할 수 있다. 지금 이 순간에 알아차림을 갖게 된 것에 대해 감사한다.'라고 생각한다. 자기 자신을 관대하게 대한다. 잘못을 용서하는 마음은 자기 자신을 품는 바탕이다.

**타인의 도움과 지지 받기**. 행복을 연구하는 심리학자들은 행복한 삶을 누리고 싶다면 주위에 긍정적이고 행복을 누리는 사람들을 두라고 권고

한다. 행복감을 느낄수록 자기 자신을 수용할 가능성이 높다. 나를 이해하고 지지하고 응원해 줄 수 있는 사람들과 사회적 관계망을 구축한다. 주위 사람과 갈등이 생겼다면 갈등을 회피하기보다 그 사실을 인정하고 직면한다. 갈등관계에 있는 사람과 열린 대화를 나눈다. "지금 이 사건으로 인해 서로 불편함을 느끼고 있습니다. 나는 이 불편함을 풀기 위해 노력하고 있다고 생각하지만, 당신에게 만족감을 주지 못한다고 생각합니다. 어떻게 하면 이 갈등을 해결할 수 있겠습니까?"와 같이 말한다.

## 생각 파트너의 심리코칭
## ×
## 유연한 마음을 갖는 방법

유연한 마음을 갖자. 이를 통해 마음이 떠도는 방황을 멈추고, 의미 있고 가치 있는 활동으로 나아가는 길을 주도적으로 찾는다.

### 자기인식을 일깨운다

- 자기인식을 일깨우는 5가지 자기인식의 기준에 대한 질문의 답을 찾는다. 각 기준별로 답을 찾거나 동시에 답을 찾아도 좋다.
- 5가지 자기 기준에 대한 생각들이 서로 연계되고 통합적으로 의미 있도록 구성한다. 5가지 자기인식이 형성되면, 그 다음은 실질적인 변화를 이루도록 실행한다.

### 관점 확대를 통해 유연성을 키운다

- 당면한 주제에 대해 다양한 관점에서 탐구하고 해결책을 찾는 '관점을 바꾸는 6단계 대화법'을 적용해보자(두 사례 참고: 189~192쪽).
- 갈등 관계에서 '요지부동의 상대 관점을 바꾸는 방법'을 현장 사례에 적용해보자(193쪽).

### 지금의 불완전함도 받아들이려고 노력한다

- 일터에서 자기 관찰과 타인의 피드백을 통해 자신의 진정한 가치를 알아보자. 노력과 실행, 결과 만들기를 통해 자신의 잠재성을 평가해 본다.
- '자기수용을 효과적으로 하는 방법' 4가지 (216쪽)를 일상에서 실천한다. 자기수용의 주체는 바로 나 자신임을 잊지 말자.

"상대방과 인사를 하면서 이름을 주고받았지만, 이내 그의 이름을 잊어버립니다. 이러한 망각 때문에 원만한 대인관계를 맺는 데 애로사항이 많습니다. 이러한 사실을 알고 난 후 인사를 나누면서 이름을 기억하겠다고 다짐을 했습니다. 그러나 결과는 늘 마찬가지였습니다. 도대체 무엇이 문제일까요?" 팀장은 마음의 인지적 작용과 뇌의 신경학적 작용을 깊이 이해할 필요가 있다. 나는 마음과 뇌의 상호작용에 대한 학습을 권하기 위해 다음과 같이 질문했다.

"마음과 뇌는 서로 어떻게 소통한다고 생각하십니까?"

상대방 이름을 쉽게 망각하는 30대 후반 남자 팀장

# 6장
# 마음과 뇌를 친구로 만들자

우리의 뇌와 마음은 우리의 사원이다.
—달라이 라마

인지과학과 신경과학은 마음과 뇌의 소통을 이해하는 것이 21세기를 사는 현대인에게 지혜로운 삶의 방식이라는 점을 알려주었다. 마음이 정신을 통제하거나 해제할 때, 뇌는 실행센터를 활성화시키거나 디폴트 모드 네트워크를 작동시킨다. 마음과 뇌는 서로 연동한다. 떠도는 마음의 심리적 기반을 다지는 방법은 주의 변화를 효과적으로 활용할 수 있도록 마음과 뇌를 훈련시키는 것이다.

사람들은 원하는 결과를 만드는 데 필요한 주의를 효율적으로 배분해야 한다. 제한된 자원인 주의력은 서비스 산업의 중요한 마케팅 요소이다. 자신의 주의력을 과다하게 사용한 사람들은 그에 따른 스트레스나 정신적 불안정 등을 해결하기 위해 명상이나 요가, 습관 교정 등의 마음관리 프로그램에 참여하기도 한다. 주의를 효과적으로 관리하는 데 실패하면 주의력 결핍과 과잉행동장애를 겪는다.

실행 중심의 삶을 사는 사람들은 일에 대부분의 주의를 집중한다. 현실에서 사람들이 주의력을 과다하게 사용하면 마음이 떠돈다. 떠도는 마음의 빈도가 높아지면 주의 집중을 강화하기 위해 심신수련이나 약물 복용으로 극복한다. 한편 떠도는 마음을 의미와 가치 있는 생산적인 자원으로 만들기 위해서는 자기 자신에게 주의를 집중해야 한다. 우리가 중요하게 생각하는 삶의 주제와 관심이 떠도는 마음에 담겨있기 때문이다. 우리는 이제 한정된 주의 자원을 실행과 떠도는 마음에 배분해야 한다.

떠도는 마음이 관심을 받기 전에는 외부 요구를 충족시키기 위한 실행에 모든 주의를 집중했다. 실행에 집중하는 삶은 스트레스와 번아웃을 수반한다. 따라서 실행을 통해 원하는 결과를 얻는 방법을 바꿔야 한다. 실행 중심의 삶을 지양하고, 존재 중심의 삶과 균형을 이뤄야 한다. 나아가 존재의 힘을 통해 실행을 촉진시켜야 한다.

이 장에서는 마음과 뇌가 연동한다는 점에 주목한다. 실행으로 지친 마음을 다스리기 위해 주의를 이완시키는 '명상'과 마음에 주의를 기울이는 '성찰'에 대해 살펴본다. 명상과 성찰은 뇌 기능과 연관이 있다. 어떻게 하면 주의, 성찰, 명상을 유기적으로 활용하여 마음과 뇌를 삶의 친구로 만들 수 있는지를 알아본다.

## 실행과 존재의 균형 관점 갖기

리더는 자신의 역할을 수행하면서 많은 경우 시선을 밖에 두고, 실행에 관심과 주의를 집중한다. 리더의 관심은 원하는 결과와 그 결과를 만드는 실행과 평가이다. 이와 달리 구성원은 시선을 안에 두고, 존재에 관심과 주의를 집중한다. 구성원의 관심은 결과를 만드는 과정, 그 과정을 담당하고 수행한 존재와 인정이다.

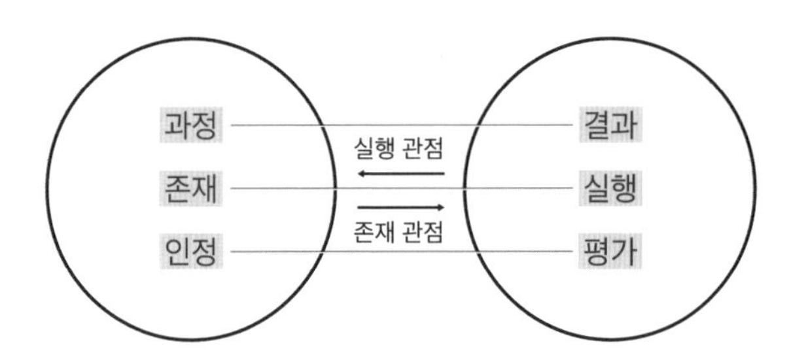


[그림 5] 리더와 구성원의 관점과 관심 차이

코칭에서 만난 팀장은 책임감이 강한 리더이다. 자신이 맡은 일을 완성하기 위해 가용한 자원을 동원하고, 일을 완수할 수 있도록 상황을 조성하는 능력이 탁월하다. 그는 자신의 능력을 발휘하는 과정에서 자기 자신뿐만 아니라 상황을 통제하는 경향을 보였다. 해결하기 어려운 곤란한 상황에 놓이게 되면 어떻게 하든 상황을 돌파하는 모범 답안을 마련하려고 애를 썼다.

팀원들은 이러한 팀장을 어떤 리더라고 보았을까? 팀원들은 팀장이 상황을 통제하고 지배하려는 경향이 강하고, 자신의 생각을 다른 사람에게 주입하려는 리더로 보았다. 다른 사람의 입장을 고려하지 못하고 그들의 의견을 존중하지 않는다고 피드백을 했다.

사실 팀장은 상반기에 실시된 리더십 다면진단에서 팀원들의 피드백을 주의 깊게 읽고 팀원들의 생각을 존중하려고 노력하는 중이었다. 팀장으로서 팀원들의 업무 태도와 업무 수행, 그리고 결과물은 여전히 자신의 기대 수준에 미치지 못했다. 예전 같으면 이러한 차이를 직설적으로 표현했을 것이다.

그 차이가 나타난 원인과 차이를 해소하는 효과적인 방법, 시급한 노력 등에 대해 할 말이 많다. 팀장은 이러한 차이에 주의를 기울이면 마음이 예민해지고 쉽게 떠돈다는 것을 알고 있다. 이러한 이유로 팀장은 팀원들의 피드백을 반영하여 자제하고 있다. 팀장으로서 할 말은 많지만 마음속에 눌러 두고 있다.

아쉽게도 이러한 팀장의 노력에 대해 알고 있는 팀원은 아무도 없다. 팀장이 자신의 속마음과 변화 의도를 팀원들과 공유한 적이 없기 때문이다. 드러내지 않은 속마음을 알아채고 읽어내기란 쉬운 일이 아니다.

팀장은 자신의 기대 사항과 팀원이 보이는 모습 간의 차이를 점진적으로 해소하기 위해 업무를 수행하는 과정에서 발생하는 문제를 직접 해결하기보다 문제해결과 의사결정에 팀원들을 참여시켰다. 이전에는 팀장이 주도했다면 이제는 팀원들이 주도하도록 한 것이다. 팀장은 팀원들이 원하는 방식으로 일을 진행시키고 있기 때문에 큰 문제는 없다고 보았다.

어느 날 그는 팀원과의 대화에서 뜻밖의 사실을 알았다. 팀원들 간에 회자되는 이야기로 팀장이 업무에 무관심해졌다는 것이다. 주된 이유를 알 수는 없지만 팀원들이 지난번 리더십 다면진단에서 직설적으로 피드백을 한 것에 대해 실망했기 때문이라는 것이다. 예상하지 못한 사실을 접하면서 팀장은 문제의 근원이 무엇인지에 대해 고민했다.

그는 주도성을 발휘하는 주체를 팀장에서 팀원으로 바꾸는 것만으로도 중요한 역할 변화를 보인 것이라고 판단했다. 이제 팀원들이 결과로 응답할 차례라고 생각했다. 그러나 이러한 생각에 매몰되면서, 팀원들이 주도적으로 업무를 수행해 더 나은 결과를 만드는 과정을 모니터링하고 팔로업하지 않았다. 팀장은 이 점이 실수일지도 모르겠다고 생각했다.

### 수행 과정을 누구의 관점에서 볼 것인가?

'더 나은 결과를 만드는 과정'을 생각하는 팀장은 자신의 관점을 전환할 수 있는 최적의 심리 상태를 갖고 있다. 과정에 대한 관점을 바꾸는 것 하나만으로도 팀장과 팀원 간의 관계를 새롭게 재정립할 수 있다.

"방금 말씀하신 더 나은 결과를 만드는 과정을 팀원의 관점에서 생각한다면, 팀장의 관점에서 생각하는 것과 어떤 차이가 있다고 생각하십니까?"

"글쎄요. 생각해 보지는 않았습니다. 그런데 팀장이 챙겨야 할 것으로 생각했던 과정을 팀원의 관점에서 생각한다는 것은 새롭고 흥미롭습니다. 팀장의 관점에서 보는 것이 더 구체적이라고 생각했는데, 지금 보니 제가 놓치는 것을 더 볼 수 있겠는데요."

"놓치는 것을 더 볼 수 있다는 것은 어떤 의미입니까?"

"팀장의 역할을 수행하면서 사실 과정보다 결과를 챙겼습니다. 과정을 본다는 것은 곧 팀원의 입장을 취하는 것과 같다고 생각합니다."

그의 관점 전환은 놀라웠다. 그는 그동안 팀장이라는 역할자의 관점에 묶여있었다는 것을 인식했다. 팀원의 관점에서 과정을 보려면, 업무의 시작과 종료까지를 살피는 시각과 관점이 필요했다. 이러한 생각을 하면서 이전보다 마음이 유연해지고 편안해졌다. 성공적인 팀장 역할을 위해 주의를 집중하는 과정에서 답답한 마음이 눈 녹듯이 풀리고 있다고 느꼈다.

### 주의를 내면에 기울일 때 알게 되는 것

코칭 프로그램에서 만난 한 대기업의 사업부장은 주말이 되면 조용한 공간을 찾아 커피를 한 잔하면서 자신을 되돌아보았다. 일주일 동안 어떤 생각을 하고 행동하였는지를 원하는 결과의 관점에서 돌아보는 것이다. 이와 같은 자기성찰은 자신의 생각과 행동이 원하는 목표와 연결된 정도를 살피는 것으로 분석적이며 평가적인 활동이다. 이러한 자기분석과 평가를 통해 원하는 결과를 얻는데 어느 정도 가까워지고 있는지를 확인할 수 있다.

또한 이 과정을 통해 사업부장은 목표를 이루려는 자신의 의지와 자신의 강점, 또 자기개발이 필요한 점을 알게 된다. 자기성찰이 주는 이점이다. 때로는 이전에는 몰랐던 자신의 새로운 모습을 알게 된다. 예를 들면, 그는 자신을 단호한 사람으로 자각했다. 그는 매일 세 가지 긍정문을 작성하면서 '더 이상 흔들리지 않는 내가 되겠다'고 다짐했다. 그리고 일터에서 이러한 다짐을 실천하고, 무관한 일들을 과감하게 무시하는 자신의 모습을 보았다. 원래 자신의 성향이 목표 지향적이라고 생각했지만 목표를 이루는 과정에서 단호한 의사결정을 하는 자신의 모습을 새롭게 체험했다. 새로운 자기 모습을 알게 되면서 자기평가도 긍정적으로 하게 되고 자기중심을 잡을 수 있겠다는 확신도 높아졌다.

사업부장과의 코칭이 중반을 지났을 무렵, 그는 자신의 생각과 행동을 점검하고 평가하는 과정에 익숙해지면서 일상이 다르게 느껴졌다고 말했다. 나는 그의 말에 호기심을 갖고 질문했다.

"이전과는 다른 뭔가를 느끼셨군요. 그것이 무엇일지 궁금합니다. 다름이란 어떤 것인가요?"

사업부장의 응답은 깊은 자기성찰의 결과였다. 그는 마음의 중심을 잡고 생활해야겠다는 다짐을 실천하면서, 이와 관련된 활동을 과제라고 생각했다. 그런데 시간이 지나면서 단순한 과제가 아니라 삶의 요구이며 주제라는 것을 알았다. 이러한 알아차림은 자신의 생각과 행동에 생기를 불어 넣었다. 자신감과 자기 확신도 커졌다. 그는 이번 경험을 통해 삶의 방향을 잡았다고 말했다. 이전에는 영업목표를 이루는데 초점을 둔 삶을 살았다면, 지금은 자기 자신이 주인공인 주도적인 삶을 산다고 말했다. 그는 일터나 개인생활에서 새로운 의미를 찾았다.

## 성찰 자원으로 떠도는 마음 활용하기

자기 자신을 중심으로 성찰하면 떠도는 마음을 주관하는 뇌 영역인 디폴트 모드 네트워크가 활성화된다(Davey 등, 2016). 성찰은 사전적 의미로 자신이 한 일을 되돌아보는 것이다. 되돌아보는 활동에는 점검과 평가의 세부 활동이 포함되어 있다. 이와 같이 성찰은 실행에 대한 진행과 결과를 존재의 관점에서 되짚어보는 것이다. 다시 말해 성찰과 떠도는 마음이 함께 작용한다.

떠도는 마음과 관련된 성찰 연구는 현재 미흡하다. 그러나 연구자들은 '성찰 프레임워크'을 통해 참가자들이 체험한 '내적 사고'에 대한 정보를 수집하고 분석한다. 내적 사고는 문제해결적인 사고뿐만 아니라 떠도는 마음에 따른 자기중심의 성찰 내용이 포함한다.

사람들은 자신만의 관점에서 환경 변화와 사회적 관계, 학습 활동 등으로부터 정보와 경험을 수집하고 축적한다. 이와 같이 성찰은 자신의 경험을 돌아보고 목적에 맞는지를 평가하고 재구조화하는데 유익하다. 따라서 개인의 시각에서 효과적일 수 있다. 그러나 학교 교육과 같이 제도권에서 일어나는 학습의 시각에서 보면, 내적 사고는 개인 시각이 강조된 것으로 비효과적이다.

### 학습자의 성찰 경험을 활용할 필요성

사범대학이나 교사연수 프로그램에서 학습 참가자들이 자신의 경험을 축적하고 체계화하는 방법은 교수활동에 직접적인 영향을 미친다. 전통적인 예비 교사 양성이나 교사 연수는 교사 양성을 위한 교육학, 심리학, 사회학, 철학 등의 내용을 교육과목으로 수강하는데 머물렀다. 일부 학자들은 예비 교사와 현직 교사들이 자신의 학습 경험으로부터 학습이 이루어지는 과정과 결과를 성찰하고, 향후 교육 현장에서 어떻게 교수활동을 할 것인지를 연역적으로 추론하는 것이 필요하다고 강조했다(Sarason, 1962). 그러나 교사의 내적 사고를 반영한 '성찰 경험'을 토대로 현장 교육을 할 필요성에 대한 주장을 간과했다.

### 성찰 프레임워크를 활용한 교육 혁신

호주 동부지역에 있는 울런공Wollongong 대학에서 흥미로운 교육 실험을 진행했다. 1998년 개리 호반Garry Hoban은 75명의 예비 교사를 대상으로 교수teaching와 학습learning 간의 역동적인 상호작용을 연구하기 위해 '성찰 프레임워크'reflective framework를 사용했다. 예비 교사가 되는 학생들은 10주간 진행되는 3시간짜리 교육과정에 참여하는데, 3시간은 1시간의 강의와 2시간의 실습으로 구성되어 있다. 모든 수업에서 학생들은 교수와 학습 간의 관계를 연구하기 위해 1시간 동안 진행된 수업에서 경험한 것을 성찰하는 시간을 갖는다.

성찰 시간은 3단계로 구성되어 있다. 첫 단계는 분석으로, 학생들은 1시간의 수업 경험이 학습에 미치는 영향을 돌아보고 4가지 범주로 나누어 작성한다. 4가지 범주는 개인personal, 교수teaching, 동료peer, 상황situation이다.

- 개인: 관심 집중, 몰입 등 학생의 학습 촉진/방해 요인
- 교수: 상세한 설명, 질문 등 교사의 학습 촉진/방해 요인
- 동료: 동료의 조언, 협력 등 동료의 학습 촉진/방해 요인
- 상황: 쾌적한 환경, 소음 등 상황의 학습 촉진/방해 요인

두 번째 단계는 종합으로, 각 범주에 작성한 내용을 종합하여 범주 별로 주요 요인을 찾아낸다. 이어서 어떤 요인들이 학습에 영향을 미쳤는지를 파악한다. 마지막 단계인 논리화에서는, 핵심 영향 요인을 교수와 학

습 간의 관계에서 조망하고 상징이나 그림, 도식과 같은 은유법을 사용하여 논리적으로 표현한다. 이때 은유적으로 표현된 내용은 각 개인이 학습을 체계화하는 과정과 대학 수업에 적합한 학습 환경에 대한 정보를 보여준다.

은유 작업을 마치면 예비 교사인 학생들은 교육 현장에서 실제 수업을 진행할 교사 역할에 대한 시사점을 도출한다. 또한 교수 활동과 학습활동에 대해 전반적으로 성찰하는 시간을 갖는다. 이 시간을 통해 예비교사로서 학습이 어떻게 이루어지는지를 미리 경험해 보는 기회를 갖는다. 수업을 시작할 때 성찰 프레임워크를 어떻게 사용하면 좋을지에 대해 생각한다.

이 수업에 참가한 학생들은 성찰 프레임워크가 대학교 과정에서 진행하기 어려운 과제였지만, 실제로 학교 현장에서 교사로 활동할 때 필요한 자신만의 교수 설계 모델을 구상하는데 시사점과 통찰을 주었다고 평가했다.

### 성찰 프레임워크의 활용 가능성

성찰 프레임워크를 교육 장면에 적용하는 경우, 학생들의 학업 성적과 학습 동기를 향상시키는 것으로 나타났다. 공공 교육뿐만 아니라 온라인으로 진행되는 동성애 간의 성 접촉에 따른 에이즈 방지를 위한 프로그램

운영에도 효과적인 것으로 나타났다. 이 프로그램에서 동성애자들이 가지고 있는 기본적인 신념이나 가정을 성찰 프레임워크를 통해 심도 깊게 평가하고 탐구했다. 그 결과, 성적 위험도 sexual risk 가 높은 행동을 하는 데 관여된 신념을 변화시키고 실제적인 위험 행동을 줄이는 것으로 나타났다(Wilkerson, 2011). 성찰 프레임워크는 3개월 이상의 일정으로 진행되는 기업교육에도 적용할 수 있다.

## 자기성찰을 생산적으로 하는 3단계 방법

자기성찰은 원하는 결과를 얻는 방법이다. 원하는 결과를 얻지 못하면 다음 단계의 변화로 나아갈 수 없다. 효과성 코칭에서 자기성찰은 생각, 선택, 실행 순으로 한다(이석재, 2018). 단계적 접근의 내용은 다음과 같다.

**단계 1**

성찰할 변화 주제를 정한다

떠도는 마음속에 있는 느낌과 생각을 되돌아본다. 변화 주제는 현재 상태에 만족할 수 없다고 판단되어 지속적인 변화 노력이 필요한 것이다. 다음 질문을 활용해 변화 주제를 찾아본다.

- 지금까지 변화 활동에 어떤 일이 일어나고 있는가?

- 지금 불편하게 느끼는 것, 개선되어야 할 것은 무엇인가?

- 달라져야 한다면 그 변화의 근원은 어디에 있는가?

[적용 예] 다음과 같은 떠도는 생각이 들었다. 일이 잘 풀리지 않는 상황에서 부원과 대화할 때, 짜증이나 신경질적인 감정이 섞인 대화를 하지 않으려고 했는데 잘 안 된다. 어떻게 하면 감정을 효과적으로 관리할 수 있을까? 감정 관리를 잘 하고 싶다. 무엇을 달리하면 감정 관리에 성공할까? 감정이 드러나는 경우를 보면, 특히 내가 원하는 결과를 얻지 못했을 때이다. 부원이 만든 결과를 어떻게 볼 것이냐에 대한 답을 찾아야 한다.

**단계 2**

여러 관점에서 변화 주제를 탐구하고 개선점을 찾는다

변화 주제를 탐구하고 개선점을 찾을 때 자기 자신에게 진실해야 한다. 여러 관점을 선택하고 통찰의 의미를 깊게 탐구한다. 탐구 질문을 할 때 다음 질문을 추가로 한다.

- 개선점을 찾는데 초점이 맞혀져 있는가?

- 개선점은 내면을 충분히 탐색한 결과인가?

- 내가 지금 놓치고 있는 것은 무엇인가?

[적용 예] 부원과 신뢰관계를 만들지 못하고 대화가 일방적인 이유는 부정적 감정이 섞인 대화를 하기 때문이다. 부원과의 관계를 개선하려면 내가 먼저 감정 관리를 해야 한다. 문제의 핵심이다. 왜 나는 욱하는가? (가능한 원인들을 탐색) 내 문제는 기대와 다른 점에 대한 반응이 너무 빠르다는 것이다. 그 차이를 이성적으로 대할 수도 있는데 감정적으로 대하는 것이 문제다. 반응의 속도를 늦추기만 해도 감정을 통제할 수 있을 것이다. 반응 속도를 늦추자. 이것 보다 더 결정적인 것이 있을까?

**단계 3**

통합적인 시각에서 개선점을 확정해 실행한다

통합적인 시각이란, 변화가 자기 자신 뿐만 아니라 주위 사람들에게 미치는 영향을 폭넓게 고려하는 것을 뜻한다. 다음 질문을 통해 성찰한 내용을 정리한다.

- 원하는 결과를 얻을 가능성을 높이는가?
- 실행 이후에 원하는 결과를 확인할 수 있는가?
- 성찰을 통해 학습한 것은 무엇인가?

[적용 예] 기대와 다른 점에 대한 빠른 반응을 늦추면, 부원뿐만 아니

라 다른 부서의 리더들과도 더 생산적인 대화를 할 수 있다. 부서간의 협조도 훨씬 개선될 것이다. 내 감정의 흐름을 읽고 통제할 수 있도록 3개월 명상 프로그램에 참가해 보자. 그 이후 부원과의 소통에 대해 피드백을 받아 보겠다.

## 뇌를 잘못 학습시키는 잡생각

엑소시스트The Exocist나 디 아더스The Others와 같은 공포 영화를 본 후 천정이나 옷장, 컴컴한 곳에 눈길이 자주 갔던 적이 있다. 몇 년 전에 우연히 텔레비전에서 귀신을 쫓는 퇴마사의 활동을 소개하는 프로그램을 보았다. 여러 명의 퇴마사가 출연했는데 그 중 한 명은 귀신을 자주 보는 특별한 장소가 있다고 말했다. 그가 소개한 여러 곳들 중에는 바로 옆 동네도 있었다. 평소에 운전을 하며 자주 지나가는 곳이다. 그의 말을 듣는 순간 섬뜩했다.

퇴마사는 터널에서 나가는 끝 지점을 조심하라고 말했다. 그곳에 귀신들이 많다고 말했다. 대개 터널을 진입하기 전에 밝은 시야에 있다가 터널로 들어가면 순간적으로 앞이 잘 보이지 않는다. 어두운 조명에 적응될 쯤 터널을 나간다. 이때 터널 밖은 밝기 때문에 순간적으로 눈을 깜박 거린다. 퇴마사는 눈을 뜨는 순간, 출구의 오른 편에 있는 귀신을 주로 본다고 한다. 어떤 귀신은 차량을 향해 물건을 던지기도 한다고 했다. 날아오는 물건을 피하려고 핸들을 돌리다가 사고를 낸다고 말했다. 그는 출구를 나가 고속도로 난간의 밖에서도 귀신을 볼 수 있다고 말했다. 고속도로에서 사망한 사람들이 모여 있는 거주지라는 것이다.

그 후 언제인지 모르지만 중부고속도로를 타고 대전을 가는 길이었다. 톨게이트를 지나 한참을 주행하다가 중부1터널을 만났다. 순간적으로 퇴마사의 이야기가 떠올랐고 터널에 진입하면서 나도 모르게 긴장했다. 출구에 가까워지면서 눈을 부릅뜨고 출구를 주시했다. 혹시 모르니 뒤에 오는 차량을 보면서 속도를 조금 줄였다. 다행스럽게 귀신은 없었고 날아오는 물건도 없었다. 아무 일이 없었다는 상황을 확인하고 나니 긴장도 풀리고 한숨도 나왔다. 좀 더 가니 터널이 또 나왔다. 이전의 긴장을 반복해서 느꼈다. 이번에는 온갖 상상을 하며 터널을 통과했다. 그리고 잠시 후 또 터널을 만났다.

미신이지만 어쩌면 현실에서 일어날 수 있다고 생각했다. 의미와 가치 없는 잡생각에 취해 대전으로 가는 길에 한 편의 단편 소설을 쓴 것 같았다. 이 단편에는 여러 소주제들이 있는데 모두 서로 독립적인 이야기를 갖고 있다. 단지 퇴마사를 중심으로 기억 속에 저장되어 있는 내용들이 의미적 연계성에 따라 의식으로 불려온 것들이다. 그러나 떠도는 마음에 속한 이야기들이 부정적인 감정을 자극하면서 마음이 떠돌 때마다 감정이 더 강렬하게 느껴진다. 어느 때는 목과 아랫배, 허리가 긴장되어 뻐근함을 느끼는 경우도 있다. 터널을 만나면 필요 이상으로 핸들을 꽉 잡게 되어 팔목에 긴장이 몰리고 팔이 전체적으로 굳어졌다.

잡생각은 인지적인 것뿐만 아니라 이미지나 동영상의 내용도 포함된다. 퇴마사의 이야기를 현실에서 반복해 상상하고 체험하면서 자신의 뇌를 잘못 학습시키고 있다는 점을 잊지 말아야 한다.

### 잘못된 뇌 습관을 조기에 파악하자

일반적으로 떠도는 마음에 대해 부정적인 인식이 팽배하다. 중요한 일을 앞두고 있다면 떠도는 마음이 집중력을 떨어뜨린다고 생각한다. 이와 같은 떠도는 마음은 사실 잡생각이다. 코칭에서 만난 한 임원 후보자는 경영진 회의에서 잡생각으로 인해 당황한 경험을 반복하고 있다고 호소했다. 회의를 하는 내용이 본인의 역할과 관련이 있을 때, 그는 자신의 생각을 차분하고 명쾌하게 말해야 하는 데 긴장했다.

중요한 회의에서 조직 리더가 업무 보고를 하거나 회의에 참여하는 모습은 다른 사람들이 그의 업무 능력과 리더십에 대한 인식과 평가를 하는데 중요한 영향을 미친다. 임원 후보자로서 긴장할 수밖에 없는 상황이다.

그는 경영진 회의에서 자신의 담당 업무와 관련될 수 있는 내용이 진행되면 무의식중에 긴장했다. 나는 그에게 최근에 있었던 회의를 상기해 보도록 했다. 회의에 참석하는 그의 모습을 보면, 이슈에 대한 핵심적인 내용을 간결하게 말 할 수 있는 지를 머릿속으로 점검하는 습관을 갖고 있다. 그가 의도하지 않았으나 그렇게 한다. 예를 들면, 고객사와 협의 중인 사항을 정확하게 파악했으며 그에 따른 대응방안을 갖고 있거나 대응 중이라고 말 할 수 있는 지를 떠올려 보고 확인했다.

이러한 생각에 집중하다 보니 막상 자신의 생각을 말해야 할 때를 놓친다. 그래서 미리 중요한 업무 현황을 보고 자료에 메모했지만, 막상 자신의 차례가 되면 같은 실수를 반복했다. 회의에 집중하지 못하고 자신의 고민과 관심 사항에 집중하며 마음이 떠돈 것이다.

그가 자신의 생각을 반복해서 확인한 주된 이유는 자신의 생각에 대한 확신 부족이다. 경영진이 있는 자리에서 완벽한 생각을 말해야 한다는 생각에 묶여 자신의 생각을 되새김하는 습관을 갖고 있다. 회의에 참석하기 전에 검토했으면서도 자신의 생각에 대한 확신 부족으로 회의 중에 재점검했다. 경영진 회의를 통해 자신도 모르게 뇌를 그렇게 반복적으로 학습시켰고 뇌는 학습된 습관에 따라 그렇게 하도록 메시지를 보냈다.

이러한 습관의 뿌리에는 맡은 분야에 대한 전문성 부족에 따른 공백을 메우는 과정에서 생겨난 뇌 습관도 한몫했다. 맡은 업무가 자신의 직무

전문성과 관련이 작고 업무 범위가 넓기 때문에, 자신의 직무 경험으로 대응하는 데 한계가 있었다.

이 문제를 해결하기 위해 주요 업무와 관련 기술정보를 학습하고, 주요 안건에 대한 응답을 대화식으로 메모했다. 아울러 회의에 참석하기 전에 3분 명상, 회의장에서 발표나 발언 전에 숨 고르기 등을 실천했다. 시간이 지날수록 문제는 해결됐고 업무에 대한 자기 확신과 자신감이 높아졌다.

떠도는 마음은 누구나 경험하는 자연스러운 정신 상태이다. 떠도는 마음의 희생자가 되지 않기 위해서는 떠도는 마음이 원하지 않은 결과를 초래했던 상황으로 돌아가 그 상황에서 뇌를 어떻게 학습시켰는지를 확인해야 한다. 뇌는 발생한 사건에 대해 우리가 느끼고 생각하고 행동한 정보들이 어떻게 서로 연결되고 통합되는 지에 대한 정보를 기억한다.

유사한 상황이 발생하면 디폴트 모드 네트워크가 활성화된다. 문제 상황과 사건의 내용 등과 관련된 담당 뇌 영역이 활성화되고 저장된 기억이 상기된다. 디폴트 모드 네트워크는 이들 정보를 뇌의 전두엽과 공유하고 처리된 종합 정보를 메시지로 우리에게 보낸다. 떠도는 마음의 역기능을 해결하려면, 기존의 학습된 연결망을 약화시키고 끊어야 한다(Schwartz와 Gladding, 2011).

### 지금 여기에 주의를 기울이는 삶을 살자

지금은 퇴마사에 대한 이야기에 관심이 없다. 터널을 지나면서 염려하거나 긴장 하지도 않는다. 터널을 지나면서 떠도는 마음에 주의를 빼앗기지 않는다. 퇴마사 이야기와 관련된 떠도는 마음이 만들어 놓은 일화는 뇌에 학습된 과거의 경험일 뿐이다. 퇴마사에 얽힌 과거의 일화에 주의를 기울이지 않고, 현재 내가 의미 있게 생각하는 것에 주의를 기울이는 것이 더 중요하다.

떠도는 생각을 따라 과거로 갈 수 있고 미래에 대해 상상해 볼 수도 있다. 부정적인 과거의 사건에 묶이면 우울해지고, 일어나지 않은 미래의 사건에 묶이면 불안해진다. 지금 여기에 주의를 기울이는 것이 건강한 삶을 사는 지혜로운 방법이다.

## 마음챙김 명상을 활용하기

미국 매사추세츠 대학의 명예교수인 존 캐벗 진John Kabat-Zinn은 1979년 마음챙김mindfulness에 기초한 스트레스 감소 과정을 개발했다. 이 프로그램을 통해 스트레스와 암, 정신질환으로 고통 받는 환자들을 치유했다. 이 과정은 한 주에 2시간 30분씩 총 8주 동안 진행됐으며, 프로그램의 과제로 요가를 정기적으로 하고 스트레스 경험에 대한 일기를 쓰는 것으로 구성됐다(Kabat-Zinn, 1994).

이 프로그램의 배경이 된 종교는 힌두교와 불교였지만, 프로그램에 참가하는 환자에게 명상의 배경이 불교에 뿌리를 두고 있다는 사실을 비공개로 했다. 캐벗 진은 한국의 선승 숭산 스님으로부터 다르마佛法·진리 교사로서 수련을 받았지만 환자들에게는 다르게 가르쳤다. 이 프로그램의 핵심은 사제four noble truth와 팔정도eightfold path이며, 환자와 의학계 전문가들이 이해하기 쉽게 표현을 바꿔서 구성했다(Brown, 2016).

캐벗 진은 1971년 처음 프로그램을 개발하기 시작할 때, 의사와 과학자, 환자들이 외국 종교에 기초한 프로그램이라는 것을 알면 저항할 것으로 예상했다. 그래서 명상과 요가가 불교나 힌두교의 수련 활동이라는 사실을 수사학적으로 전달했다(Hicky, 2010). 기독교에 대한 믿음을 가진 사람들의 거부감을 미리 차단한 것이다. 그가 공식적으로 불교와 힌두교의 배경을 가지고 있다는 사실을 공개한 것은 2011년 이후이다. 그러나 그의 접근을 소개할 때 불교라는 말은 빼고 불교 스님들이 사용하는 명상 Buddhist meditation이라고 말했다.

현재에 주의를 집중하면서 인식을 일깨우는 마음챙김 훈련 프로그램은 알려진 바와 같이 구글과 메이요 임상센터, 미 육군 등이 도입했고 미국 근로자의 약 13%가 훈련을 받았다(Olano 등, 2015). 국내에는 알아차림 훈련프로그램으로 알려졌다. 이 훈련의 긍정적인 면은 마음챙김이 인간의 기능을 향상시킨다는 것이다. 심리학이나 신경과학, 약학 분야에서 수행된 많은 연구들은 마음챙김이 개인의 주의, 인지, 정서, 행동, 몸 등에 긍정적인 영향을 미치는 결과를 보고했다.

### 명상을 통한 인지 능력과 과제 수행의 향상

정신을 통제할 때 어느 순간 집중되었던 주의가 이동하면서 떠도는 마음이 일어난다. 이에 비해 마음챙김은 긴장된 주의를 이완시키고 소멸시킨다. 따라서 마음챙김은 떠도는 마음의 작동을 약화시키거나 최소화시킬 가능성이 높다.

정신을 통제해야 원하는 결과를 얻을 수 있는 일상생활에서 떠도는 마음은 인지 과제의 수행을 방해한다. 예를 들면, 우리나라의 수학능력 시험과 같은 미국의 SAT나 GRE 시험을 볼 때, 응시자는 시험장의 상황과 관련 시험에 주의를 집중한다. 이러한 상황에서 떠도는 마음은 시험 응시자가 시험에 주의를 기울이지 못하도록 하는 방해요인이다.

교육 프로그램은 학습 도구와 학습 전략을 통해 수학 능력과 인지 능력을 알아보고 학습 능력을 향상시키려고 한다. 이러한 프로그램은 대부분 특정 시점에서 프로그램 참가자의 변화를 본다. 그러나 명상이나 코칭, 상담 전문가들은 변화에 대한 시간 순서에 따른 접근을 한다. 그들은 변화 프로그램 참가자와 일정 기간 동안 서로 협력하여 의도한 변화를 만든다.

캘리포니아 대학의 한 연구팀은 마음챙김 훈련 프로그램이 작업 기억력과 GRE 시험 점수의 향상에 미치는 구체적인 과정과 그 과정에서 떠도는 마음의 역할을 검증했다(Mrazek 등, 2013). 연구자들은 마음챙김 훈련이 독서 이해와 작업 기억력을 향상시키고, 이 과정에서 떠도는 마음이 마음챙김의 영향을 차단할 것으로 가정했다. 연구자는 실험에 자원한 대학생들을 실험집단과 통제집단에 무작위로 배정했다. 실험집단 참가자는 2주간 마음챙김 훈련에 참가했다. 통제집단 참가자는 같은 기간에 건강식에 관한 프로그램으로 하루 섭취할 식단을 정하고 단식이 아닌 건강관리를 했다.

**마음챙김 훈련의 내용**

마음챙김 훈련은 정좌를 한 자세에서 시선을 내려 두고 10분에서 20분 이내의 명상이 기본이다. 명상의 내용은 호흡을 할 때 느껴지는 감각을 경험하기, 과일 조각의 맛을 느껴보기, 녹음기에서 나오는 소리에 집중하기 등이다. 이러한 명상에서 생긴 섬세한 생각과 저절로 떠오른 생각의 차이를 구별해 본다. 과거와 미래의 관심 사항으로부터 오는 방해 요인을 현재 일어나는 것으로 재구성한다. 또한 호흡에 주의를 집중하며 12번의 숨을 세고, 떠오르는 생각을 의도적으로 억누르기보다 마음이 편안하도록 허락한다.

명상을 하는 동안 참가자의 생각을 총 8회, 5점 척도로 샘플 조사했다. 척도에서 1점은 과제에 완전히 집중한 상태, 5점은 과제와 무관한 생각에 완전히 집중하는 상태이다. 점수가 클수록 마음이 떠돌았다는 뜻이다.

연구 결과는 가설을 모두 지지했다. 마음챙김 훈련을 한 집단은 통제집단보다 GRE 점수와 작업 기억력이 좋아졌다. 실험자가 실험 참가자의 생각을 샘플 조사했을 때 '과제와 무관한 생각'을 한 비율은 마음챙김 훈련 집단이 통제 집단보다 낮았고, 훈련 전과 후를 비교했을 때도 낮았다. 자기보고식에서도 같은 결과 추이를 보였다.

이러한 결과로 보면, 마음챙김 훈련은 참가자로 하여금 GRE 과제에 주의를 집중하도록 촉진시켜 점수를 향상시켰고, 이때 과제와는 무관한 생각에 의해 방해 받을 가능성을 떨어뜨렸다. 마음챙김 훈련은 마음을 온전히 과제에 집중시키는데 효과적이었다. 훈련 과정에서 참가자의 마음은 방황하기보다는 상황에 맞게 유연했다.

### 인지 통제와 떠도는 마음은 연결되어 있다

마음건강센터Center for Healthy Minds의 연구자들이 마음챙김 명상기반의 스트레스 감소훈련을 통해 떠도는 마음을 알아차리고, 인지 통제 능력을 향상시켜 떠도는 마음을 긍정적으로 관리할 수 있는지를 검증하는 현장 연구를 진행했다(Kral 등, 2019).

기존 연구에서 마음챙김 명상훈련은 인지 통제를 담당하는 실행센터와 떠도는 마음을 담당하는 디폴트 모드 네트워크를 기능적으로 연계시키고, 휴식 상태를 지속시키는 데 효과가 있는 것으로 밝혀졌다.

마음건강센터의 연구자들은 8주 동안 진행하는 마음챙김 기반 스트레스 훈련 프로그램Mindfulness-Based Stress Reduction(MBSR)이 기존의 연구 결과를 반복적으로 보이는지를 검증했다. 이를 통해 마음챙김 명상 훈련의 긍정적 효과를 다른 훈련 프로그램으로 일반화할 수 있는지를 확인하려고 했다.

연구자들은 명상 훈련을 경험하지 않은 일반인을 대상으로 실험 참가자들을 모집한 후, MBSR집단, MBSR요소가 배제된 명상 집단, 명상을 하지 않는 통제 집단에 각각 무작위로 배정했다. 실험 참가자들은 실험을 시작하기 전에 정서 스타일 조사에 응답했다. 이어서 인지 통제를 담당하는 뇌의 실행 센터와 떠도는 마음을 담당하는 디폴트 모드 네트워크를 fMRI 기법 등으로 촬영했다. 그리고 마음챙김 훈련이 시작되는 단계에서 동일한 진단과 촬영을 했고, 떠도는 마음에 대한 자료를 수집했다. 떠도는 마음은 주의를 기울인 정도를 9점 척도로 측정했다. 척도에서 1점은 '과제에 주의를 기울이지 않았다', 9점은 '과제에 주의를 완전히 기울였다'이다. 숫자가 클수록 주의 집중도가 큰 것이다. 마지막 자료 수집은 5.5개월 후에 2차 조사와 동일 한 내용으로 이루어졌다.

주요 연구결과를 보면, MBSR 프로그램을 받은 집단이 다른 집단에 비해 주의 집중도가 높아졌다. 뇌 부위 변화를 보면, 인지 통제를 담당하는 뇌 부위dorsolateral prefrontal cortex와 디폴트 모드 네트워크에 속하는 뇌 부위posterior cingulate cortex의 연결성이 높아졌다. 이 결과는 인지 통제와 떠도는 마음이 독립된 정신 상태가 아니라 서로 연결되어 있다는 증거이다. 그러나 뇌 부위의 연결성은 참가자들이 주의를 집중하는 정도와 상관이 없었다.

연구자들은 떠도는 마음의 심리 기제를 이해하기 위해 인지과학과 신경과학의 접근을 통합적으로 활용하고 있다. 기존의 인지과학에서 밝힌 심리 기제를 재확인하고 마음과 뇌의 관계를 역동적으로 이해할 수 있는 길을 개척하고 있다. 또한 떠도는 마음의 인지 통제가 이루어지지 못했을 때 나타나는 심리 현상임을 설명하는 기존의 주장을 반박하는 증거들을 계속해서 보고하고 있다.

### 앱을 활용한 명상 서비스에 주목하라

스마트폰에 명상 앱이 탑재되면서 2018년을 기준으로 마음챙김 산업의 시장 규모는 12억 달러로 성장했다(Potkewitz, 2018). 지난 5년 동안 명상 서비스는 3배로 성장하였고 조만간 요가의 시장 규모를 넘어설 추세이다.

앤디 퍼디콤 Andy Puddicombe 은 1994년 불교를 배우기 위해 아시아로 갔다. 그는 인도, 네팔, 태국 등을 다니면서 여러 명의 교사로부터 불교를 배웠고, 마침내 티벳 불교의 승려가 되었다. 그는 규율에 따라 독거와 금욕, 사원에서 무전취식을 했다. 이후 2004년 수련 과정을 공식적으로 마치고 영국으로 돌아와 명상 기법을 가르치는 Headspace 앱을 개발했다. 그는 수련과정에서 무일푼이었지만, 앱을 개발한 뒤에는 4천만 달러를 소유했다. Headspace는 2억5천만 달러의 시장가치를 지닌 것으로 평가되고 있다.

서양인의 시각에서 볼 때 불교 명상은 단순히 신비로운 것이지만,

Puddicombe의 눈으로 볼 때는 서양 사회가 가지고 있는 모든 문제를 해결해 줄 수 있는 실용적인 해법이었다. 마음챙김 명상 앱의 경우, 글로벌 시장의 규모가 지속적으로 성장하고 있다. Factmr의 시장분석 보고서에 따르면, 2019년부터 2029년까지 1억8천4백만 달러 규모로 성장할 것으로 전망했다. 같은 기간 동안에 연평균성장률[CAGR]은 8.5%로 보았다.

마음챙김 명상을 위한 응용앱 시장은 Headspace와 Calm이 70%에 이르는 시장점유율을 보이고 있다. 소비자들이 정신 건강에 대한 관심을 지속적으로 보이면서, 관련 서비스를 제공하는 기업들의 대응도 소비자 중심으로 진화하고 있다. 특히 대학에서 기존의 교육과정이 정신 건강을 위한 교육과 연계되면서 학생들의 학습 기회와 관심이 증가하고 이에 따라 대학을 포함한 교육기관에서 관련 앱을 사용하여 실질적인 교육을 제공하려는 수요가 늘어나고 있다.

글로벌 환경이 불확실하고 다변화 하면서 효과적으로 적응하고 자기 중심을 잡기 위한 자기인식과 자기성찰에 대한 사람들의 학습 요구가 커졌다. 또한 사회에 적응하는 과정에서 정신적인 장애, 정서장애, 주의력 결핍과 장애, 불안장애 등으로 힘들어 하는 사람들이 모든 연령층에서 나타나고 있다.

정보기술면에서 사물인터넷이 생활 속에 깊이 침투하면서 스마트폰에 최적화된 앱을 편리하게 사용하도록 하는 것이 중요해졌다. 스마트폰을 스마트워치와 연동한 서비스가 진화하고 있다. 이제 소비자들은 자신의 일상에서 스마트기기를 사용하여 웰빙을 체험하는, 소위 디지털 웰빙을 원하고 있다. 앱을 활용한 명상서비스가 우리 생활 가까이에 있다.

## 생각 파트너의 심리코칭 × 마음과 뇌를 친구로 만드는 방법

사람들이 어디에 주의를 둘지 몰라서 방황하고 있다. 마음과 뇌의 참 메시지에 길을 묻자.

### 주의를 내면에 집중하고 귀를 기울인다

- 자기 스스로 변화에 주저하는 원인을 찾자. 안전지대에 머무는 경향, 자기 제한적 신념에 의존, 자기방어적 기제를 통해 변화에 저항하는지를 알아본다.
- 자기성찰을 통해 참자기 true self 를 만나보자. 참자기로부터 '나다움'이란 어떤 의미인지를 탐구하고 한 문장으로 표현해 보자.

### 잘못된 뇌 습관을 조기에 찾아서 교정한다

- 뇌가 몸과 마음으로 보내는 메시지를 선택적으로 수용한다. 습관적으로 해왔던 언행과 사고에 의문을 제기한다. 잘못된 뇌 습관을 찾아 재구성eframe한다.
- 성찰을 촉진시키는 조용한 환경에 머물기, 떠도는 생각과 내면 요구에 집중하기, 옅은 행복감의 상태 경험하기를 일상에서 실행한다. 성

공적인 성찰 경험은 유연성에 대한 필요성을 자극하고 촉진시킨다.

### 자기성찰과 명상을 통해 마음과 뇌의 협력체계를 만든다

- 자기성찰의 3단계 프로세스를 활용하여 자기인식과 자기변화를 점검하고 평가해보자.
- 명상을 통해 주의의 긴장과 이완, 떠도는 마음이 잡생각이 되지 않도록 체크한다. 명상은 마음챙김 명상 이외에 명상 음악, 호흡 명상, 이완 명상, 생각 비우기 명상, 수면 명상 등의 가이드 자료를 활용한다.
- 명상, 자기성찰, 성찰 일기 쓰기를 한다. 주 또는 월 단위로 성찰 일기를 읽어 보면서 감정과 생각의 변화, 내면의 성숙 등을 알아차린다.

# 부록
# 떠도는 마음에 대한 인지과학과 신경과학 이해

자신을 아는 것은 모든 지혜의 시작이다.
—아리스토텔레스

그동안 연구자들은 인지과학과 신경과학을 통해 떠도는 마음의 작동 원리를 서로 다른 시각에서 규명했다. 인지과학은 떠도는 마음이 작동하는 심리 기제를 밝혔고, 신경과학은 심리 기제가 작동하는 뇌의 영역과 뇌신경의 작동 원리를 밝혔다.

## 인지과학이 밝힌 떠도는 마음에 작동하는 통제와 자유의 심리

인간의 마음에는 두 가지 심리가 있다. 하나는 각자가 처한 현실에서 정신적 통제 능력을 발휘하여 원하는 결과를 만들려는 마음의 작용이다. 인식의 주체로서 계획하고 문제를 해결하고, 판단과 결정을 하는 통제 의식이다.

1994년 심리학자 웨그너Wegner는 역설적인 통제 심리를 이론화했다. 그는 통제에 역설적인 심리가 작용한다고 주장했다. 사람들은 원하는 목표를 향해 가는 운영 과정operating process을 의도적으로 통제한다. 운영 과정에 따라 목표를 향해 가면서 무의식적으로 제대로 가고 있는지를 확인하는 정보를 수집한다. 이러한 점검 과정monitoring process에서 사람들은 통제가 안 되고 있다는 정보를 수집한다. 이 점검 과정에서 마음이 떠돈다.

팀장에게 권한을 위임한 사업부장은 업무가 제대로 진행되는지를 이전보다 더 확인했다. 코칭에서 만난 그는 권한을 위임한 후 마음이 떠돌고 불안하다고 고백했다. 그는 마음속으로 과연 팀장이 위임 맡은 권한을 제대로 행사하고, 업무를 성공적으로 완결할지에 대해 염려했다. 점검 과정이 작동한 것이다. 그는 팀장의 능력을 신뢰하지 않았다.

정신 통제를 긍정적으로 보면, 주의를 집중하여 원하는 결과를 얻는 데 필요한 활동이다. 조직에서 리더 역할을 맡는 사람, 성과 지향적인 사람, 완벽주의적인 사고를 하는 사람의 내면에는 통제 심리가 있다. 이러한 심리가 병리적으로 나타나면 강박적인 사고가 된다. 통제 경향이 강하면, 현재 상황과 목표 상황을 비교하고 그 차이에 민감한 반응을 보인다. 이때 주의가 운영 과정에서 점검 과정으로 옮겨 간다. 그리고 민감한 반응이 떠도는 마음으로 나타난다.

다른 하나는 현실로부터 주의가 격리될 때 저절로 떠오른 생각이 만드는 의식 세계이다. 바로 떠도는 마음이다. 우리의 의도와 통제에 따른 것이 아니다. 의식되지 않은 상태에서 내면의 심리와 뇌의 신경적 작용에 의해 저절로 생겨난다.

이와 같이 인간의 마음은 외부의 요구가 전혀 없는 상황에서도 활동을 멈추지 않는다. 마음이 가지고 있는 근본적인 특징이다. 자신의 일상을 떠올려 보자. 현재 일어나는 사건들과 무관한 생각과 느낌을 가질 것이다. 이러한 생각과 느낌은 크게 보면, 두 가지 자극에 의해 일어난다. 하나는 자신을 둘러싸고 있는 타인과의 사회적 관계와 일상에서 일어나는 사건, 환경의 변화 등으로부터 오는 외부 자극이다. 다른 하나는 자신의 내면으로부터 오는 내부 자극이다. 사람들이 가지고 있는 욕구와 요구, 흥미와 동기 등이 대표적인 내부 자극이다.

떠도는 마음은 외부 자극이나 내부 자극에 의해 일어나는 것이 아니라 저절로 일어나는 정신 활동이다(Callard 등, 2013).

일에 몰두해 있다가 자신도 모르는 사이에 여름휴가를 생각하는 경우를 떠올려 보자. 일상의 체험으로 보면, 일과 여름휴가에 대한 두 가지 생각을 한 것이다. 그러나 일이 의도가 개입된 상태의 생각이라면, 휴가에 대한 생각은 불현듯 의식에 떠오른 생각이다. 휴가에 대한 생각은 우리가 의식하지 못하는 상태에서 저절로 떠오른 것이다.

### 신경과학이 밝힌 디폴트 모드 네트워크의 비밀

일부 심리학자들은 21세기를 '떠도는 마음의 시대 the era of wandering mind' 라고 선언했다(Callard 등, 2013). 사실 2003년을 전후해서 떠도는 마음에 대한 학술 연구와 외국 도서들이 급속히 증가했다. 이제 인지과학과 신경과학의 만남을 통해 떠도는 마음에 대한 통합적 접근이 가능해졌다.

마음이 떠돌 때 기능적 자기공명 영상functional magnetic resonance imaging(fMRI) 기술을 사용하여 뇌 부위가 활성화되는 양상을 촬영했다. 이를 통해 인지과학이 밝힌 떠도는 마음의 심리 기제가 작동하는 해당 뇌 부위를 시각적으로 확인할 수 있다. 따라서 이를 토대로 마음과 뇌의 역동적인 관계를 통합적으로 탐구할 수 있다(Christoff 등, 2016).

2001년 워싱턴 대학의 신경과학자 마커스 라이클Marcus Raichle이 외부로부터의 과제 요구가 없을 때 뇌의 넓은 부위가 공회전하는 양상을 보고, 휴식을 취하고 있는 뇌의 인지와 신경 과정을 설명하기 위해 디폴트 모드 개념을 창안했다. 디폴트 모드 네트워크default mode network(DMN)는 뇌의 특정 부위들을 연결하는 신경망으로 구성되어 있다. 디폴트 모드 네트워크에는 여러 신경 정보를 처리하는 부위가 있는 데, 주요 뇌 부위와 담당 기능은 다음과 같다.

- Medial PFC: 자기 참조, 자기 성찰, 음악과 감정, 기억의 중추
- Posterior cingulate cortex(PCC): 학습과 동기, 강화 체계, 미래 행동에 대한 가치, 자기 성찰, 자기 참조
- Temporoparietal Junction(TPJ): 시각, 청각, 인체 감각 정보 처리, 자기와 타인 구분, 예상치 않는 외적 자극에 주의 전환

디폴트 모드 네트워크는 평상시 불규칙하게 미세한 활성화 상태를 유지한다. 사람들이 일에 집중하면 전략, 계획과 실행, 문제해결 등의 정신 활동을 주관하는 뇌의 전두엽 frontal lobe 이 활성화된다. 그러나 정신 활동이 제약을 받으면, 일에 대한 주의가 이동하면서 전두엽의 활성화 정도는 낮아지고 디폴트 모드 네트워크와 시상하부가 활성화된다. 시상하부는 체온, 삼투압, 양분 흡수, 뇌하수체 호르몬의 분비 등을 조절하여 항상성을 유지시키며 자율 신경계의 중추 역할을 한다.

사람들이 인지적으로 정신 활동을 통제하여 일에 몰두할 때, 떠도는 마음은 우리가 의식할 수 없는 상태에서 공회전을 하고 있다. 정신 활동을 엄격히 통제할 때, 주의는 이동하고 떠도는 마음은 자동적으로 일어난다. 이와 같이 떠도는 마음은 정신 통제에 따른 결과일 수 있지만, 신경과학에서 보면 디폴트 모드 네트워크의 작동에 따른 것이다. 이 경우 우리는 의식하지 못한 상태에서 떠도는 마음이 저절로 일어났다고 생각한다.

뇌의 활동으로 보면, 떠도는 마음은 켜짐과 꺼짐의 상태가 아니라 '준비 상태', '휴식 상태', 또는 '내면의 리허설'로 묘사되는 상태에 있다. 우리가 정보를 처리하는 인지 용량이 100이라고 가정하자. 일에 주의를 집중하고 있으면 대부분의 인지 용량을 사용한다. 완전한 몰입이 이루어져 있다고 인지적으로는 느끼지만, 뇌의 디폴트 모드 네트워크는 공회전을 하고 있다. 디폴트 모드 네트워크가 자기 차례를 기다리고 있는 것이다.

따라서 떠도는 마음이 일어난다는 것은 대뇌 피질을 사용하는 일의 관점에서 보면 주의가 떠난 것이다. 그러나 떠도는 마음의 관점에서는 이제 자신의 기능에 맞는 정신 활동을 마음껏 할 수 있는 자유를 갖게 된 것이다. 진행 중이던 일이 아닌 자신의 영역을 찾아 가는 것이다.

뇌는 오감을 통해 전달된 정보를 담당 뇌 부위에서 처리하고, 대뇌 피질과 정보를 공유한다. 대뇌 피질은 컴퓨터의 중앙처리장치와 같은 기능을 수행한다. 우리가 일에 몰두할 때 대뇌 피질은 최고 수준의 정보처리 능력을 발휘한다. 대뇌 피질은 외부로부터 오는 정보를 처리하지만 일을 멈추게 되면 디폴트 모드 네트워크가 자신의 기능을 수행한다.

디폴트 모드 네트워크는 뇌의 내부에서 수집되는 정보를 처리하는 중심 기능을 담당한다. 떠도는 마음을 관장하는 곳이다. 또한 인간의 자전적인 삶의 기록들을 저장하고 관리하며, 다른 사람이 느끼고 생각하는 것을 상상하는 능력을 발휘한다. 특히 자기에 대한 일치된 지각을 할 수 있도록 정보를 처리하는 자기 참조 기능을 담당한다. 디폴트 모드 네트워크는 자기의 세계를 만드는 역할을 한다. 지금 여기에서 벗어나 자기 자신을 중심으로 떠도는 마음과 공상, 이미지 영상처리 등을 통해 창의적인 자기 세계를 만든다.

이와 같이 뇌에는 두 개의 세계가 있다. 하나는 대뇌 피질을 중심으로 우리의 몸으로부터 오는 정보를 처리하고, 외부 세계와 연결된 소통을 통해 독립된 한 생명체로서 존재하도록 만드는 세계이다. 다른 하나는 디폴트 모드 네트워크를 중심으로 한 떠도는 마음의 세계이다. 우리는 이 두 세계를 매일 왕복한다. 떠도는 마음에 따른 생각은 하루의 전체 생각에서 30~46.9%를 차지한다. 따라서 일을 방해하는 것으로 무시하기에는 이 세계의 비중이 크다.

### 뇌는 환경에 습관적이며 자동적으로 반응한다

신체감각기관을 통해 들어온 감각 정보는 정보의 속성에 따라 뇌의 담당 부위로 전달된다. 주된 담당 기능을 조직에 비유해 센터라고 부른다(Schwartz, 2011). 주요 센터는 다음과 같다.

- 집행센터executive center: 인지정보처리는 뇌의 전두엽frontal cortex에서 담당한다. 전두엽은 일을 기획하고, 분석하고, 문제점을 파악해 해결하는 인지적 활동들을 주로 관장한다.
- 추동센터drive center: 시상하부hypothalamus는 배고픔, 목마름, 성욕 등과 같은 기본적인 신체적 요구를 담당한다.
- 습관센터habit center: 스트라툼stratum은 자동적으로 떠오르는 생각을 담당하는 뇌 부위와 자동적으로 행동하고 운동하는 정보를 처리하는 뇌 부위를 관장한다.

- 경고센터warning center: 두려움과 신체적 감각 반응을 맡은 편도체amygdala, 직감을 담당하는 인술라insula, 통증과 주의, 반응 억제, 정서 반응을 담당하는 전측 대상화anterior cingulate가 연합하여 경고 역할을 수행한다.
- 보상센터reward center: 어컴벤스accumbens 영역은 음식 섭취와 같은 행동에서 즐거움을 느끼도록 하여 생존에 필요한 기본 활동에 몰입하게 한다. 습관센터와 연결이 되어 있어 즐거운 행동만을 할 수 없고 중독 등의 행동에도 영향을 미친다.

이상의 뇌 기관들은 독립적으로 존재하기보다 신경섬유와 축색돌기에 의해 서로 연결되어 있다. 뇌는 환경에 습관적이며 자동적으로 반응한다. 특정 정보가 뇌로 들어오면, 그 정보의 속성에 따라 신경망은 특정 방식으로 활성화되면서 연결된다. 이러한 활성화와 연계 방식은 어린 시절부터 성장하면서 학습된 '신경망의 활성화'와 새롭게 학습된 '연결의 활성화'에 의해 습관화 된다. 따라서 성인이 된 이후에도 뇌로 들어 온 정보는 뇌의 학습 체계에 따라 처리된다. 이로 인해 뇌가 불안과 두려움 같은 정보를 처리한 결과인 정서 감지는 당사자가 현실에서 체험하는 정서와 다를 수 있다.

뇌에는 뇌 자극을 처리하여 산출되는 정보들을 자기중심적으로 해석해서 처리하지 않도록 균형적 조절을 담당하는 평가센터assessment center가 있다. 평가센터는 경고센터에서 오는 정보와 습관센터에 의해 학습된 행동이 우위를 차지하지 않도록 두 센터를 조절하고 균형 잡힌 대응을 한다. 예를 들면, 습관센터에서 보낸 정보에 평가센터가 작동하지 않으면, 뇌의 신경체계에 의해 생산된 정보에 따라 신체운동적인 반응을 보이도록 뇌가 마음에 메시지를 보낸다. 뇌의 신경체계에 의한 정보처리를 할 때, 기억에 저장된 학습 정보가 결정적인 영향을 미친다.

마음은 뇌가 가지고 있지 않은 주의, 인식과 생각 능력을 갖고 있다. 우리가 주의를 집중한 상태에서는 뇌의 집행센터와 소통을 한다. 그러나 우리의 주의가 약해지면, 인식과 생각은 디폴트 모드 네트워크의 영향을 받는다. 그 순간 마음은 떠돌기 시작한다. 떠도는 마음은 뇌 기억에 저장된 삶의 주제와 관심으로 채워진다. 이와 같이 떠도는 마음은 우리의 주의를 따라간다.

### 실행 중심의 시스템은 존재를 놓친다

우리 사회는 성과주의가 팽배한 시스템을 갖고 있으며, 그 시스템 속에 살고 있는 현대인을 바라보는 시선은 행동 중심적이다. 지금의 사회 시스템은 지극히 경쟁적이고 성공과 성과를 중시하며 평가를 통해 인간을 줄 세우고 있다. 현대인을 바라보는 사회 시스템의 시선이 원하는 결과를 만드는 데 적합한 실행doing을 향해 있고, 실행의 주체인 존재being에 대한 관심과 이해의 시선은 부족하다. 거대한 성과중심의 사회 시스템은 현대인이 살아가는 환경이며 개인의 생각과 느낌, 행동에 결정적인 영향을 미치는 절대적인 힘을 가지고 있다.

이 거대한 사회 시스템에서 떠도는 마음을 가지고 있는 현대인을 어떻게 이해해야 할 것인가? 심리학 실험실에서 실험 참가자가 주어진 과제를 잘 수행하기 위해 노력하다가 실패할 가능성을 감지하여, 집중하던 주의를 일로부터 다른 곳으로 돌린 심리적 상태를 어떻게 해석하고 이해하는 것이 바람직한가?

나는 현실 속에 있는 사람들의 떠도는 마음을 해석하고 이해하는 것과 실험실에 있는 참가자들의 떠도는 마음을 해석하고 이해하는 것이 서로 달라야 한다고 생각하지 않는다. 실험실 연구는 현실을 가장 닮은 실험 공간에서 사람들의 마음이 작동하는 원리를 사회과학적인 방법론을 통해 검증한다. 이를 통해 현실 속에 있는 사람들의 심리를 의미 있게 해석할 수 있는 지배적인 이론을 찾기 때문이다.

실험실은 연구 목표를 달성하는 시스템이며 관련 인력을 갖춘 조직이다. 실험실에서 연구 과제를 성공적으로 해결하는 것이 조직 목표라면, 실험 참가자가 주의를 과제 수행으로부터 다른 곳으로 이동시키는 것은 개인 목표를 이루기 위한 대응이다. 조직 목표의 시각에서 떠도는 마음은 정신 통제의 실패이지만, 개인 목표의 시각에서 보면 개인이 이루고 싶은 목표를 달성하기 위한 선택일 수 있다. 개인의 관점에서 보면 조직의 요구도 충족시켜야 하지만 자기 자신의 개인 요구도 충족시켜야 한다. 이와 같이 개인과 조직의 관점을 대비시키면서 떠도는 마음을 해석하면 마음의 질적 속성을 다르게 보게 된다.

떠도는 마음을 연구하는 일부 심리학자들도 떠도는 마음을 과제에 집중하지 못한 인지적 실패이며 성과를 이루는 방해요인으로 제거되어야 하는 비용으로 보았다. 이와 같이 떠도는 마음에 대한 연구가 본격적으로 시작된 이후, 떠도는 마음의 기능을 주로 부정적으로 보았다(Mooneyham 등, 2013). 최근 일부 연구자들이 기존의 연구 설계에 변화를 주고 신경과학의 연구 결과를 수용하면서, 떠도는 마음의 순기능에 주목하고 있다(Seli 등, 2018).

## 떠도는 마음을 객관적으로 보기

이 책을 읽고 있는 독자의 경우, 아마도 떠도는 마음으로 불편하고 불안을 느껴보았을 것이다. 떠도는 마음은 인간의 자연스러운 심리 현상이다. 따라서 마음이 동요되고 불안정한 것은 자연스러운 것이다. 한편 떠도는 마음은 효과적으로 관리할 수 있는 심리이기도 하다. 부정적인 시선으로 보면 마음은 더 떠돌게 된다. 무엇보다 떠도는 마음을 제대로 읽을 수 있는 심리상태를 갖는 것이 중요하다. 객관적으로 볼 수 있어야 한다.

떠도는 마음은 생각과 느낌으로 구성되어 있다. 생각과 느낌은 동전의 양면처럼 서로 영향을 주고받는다. 예외적으로 강력한 감정을 일으키는 상황에 놓인다면 생각할 겨를도 없이 반사적으로 생존을 위한 행동 반응이 나타난다. 폭우가 내리는 날, 길을 걷는 데 번개가 바로 앞에서 내리 친다면 놀람과 공포는 몸을 안전하게 보호하는 반사 행동을 취하게 할 것이다. 이때 주의는 내면에서 밖을 향하게 된다. 내면의 정서보다는 오감에 의존해서 안전에 필요한 정보를 수집하는데 주의를 집중한다. 이때 내면의 느낌과 생각은 떠도는 마음이 된다.

그러나 일반적으로 사람들은 감정이 일어나면 그에 따른 생각을 하고, 생각은 이어지는 행동에 영향을 미친다. 이와 같이 행동에 직접적인 영향을 미치는 것은 생각이다. 떠도는 마음을 객관적으로 보도록 처한 상황에서 경험한 자신의 생각과 느낌을 각각 분리시킬 수 있다.

떠도는 마음이 일어났을 때, 다음과 같은 문장으로 떠도는 마음을 표현한다. "나는 (　　)고 생각하고 있다." 예를 들면, 과제를 수행하던 중에 주의가 이동하면서 마음이 떠돌아 여름휴가 계획에 대해 생각한 경우를 들어보자. 이때 떠도는 마음을 "나는 여름휴가를 계획하고 있다고 생각하고 있다."와 같이 바꾸는 것이다. 이 방법은 수용전념치료(Hayes와 Smith, 2005)에서 개인의 경험을 이름 붙이고 자신에게 소리 내어 말해 봄으로써, 자신을 경험으로부터 분리시키는데 효과적이다. 반복해서 연습하면, 떠도는 마음에서 생각을 분리해 내고 이를 객관적으로 바라 볼 수 있게 된다. 추출한 생각은 맥락과 감정이 배제된 상태이다.

# 떠도는 마음을 즐기자. 답은 그곳에 있다.

인간 경험에 대한 이해의 폭이 넓을수록
더 좋은 디자인을 만들어낸다.
— 스티브 잡스

우리는 흔히 서두르지 말고 차분히 대응하라는 조언을 할 때, 자극과 반응 사이에는 공간이 있다고 말한다. 자극을 받고 바로 대응하기보다 사이의 공간에 머물러 자극을 보면 관점이 달라지고 미처 자신이 보지 못했던 것을 보게 된다. 결국 즉각적으로 대응했을 때 보다 더 나은 대응과 결과를 만들 수 있다는 것이다.

이러한 지혜는 삶을 대할 때도 적용된다. 삶을 영위하는 과정에서 힘들고 지치고 고통스러워하는 것을 바로 받아들이기보다, 한 템포 쉬면서 바라보면 자신이 정말 힘들어 했던 것이 삶의 환경으로부터 오는 것이 아닐 수 있다는 것을 깨닫는다. 자극과 반응 사이의 공간을 활용하라는 말은 달리 표현하면, 자극과 반응의 관계를 보라는 것과 일맥상통한다.

### 실행에 집중할 때 놓치는 것

명상이나 요가 등의 수련은 신체적인 건강뿐만 아니라 정신적인 측면에서도 세상을 관조하는 능력을 키워준다. 우리나라는 보릿고개로 상징되는 농경사회에서 한강의 기적으로 평가받는 산업사회를 성공적으로 이룩했다. 이 과정에서 '빨리 빨리' 문화가 생기고 성과주의를 지향하면서 '마른 수건에 물 짜기', '불도저식 리더십' 등의 신조어들을 만들었다. 생각하기 보다는 먼저 실행하는 것을 더 가치 있게 여기는 사회적 인식을 공유했다. 그러나 이러한 변화의 과정에서 우리는 중요한 것을 놓쳤다. 바로 '생각하는 능력'이다.

이러한 능력을 '눈치'로 대신하거나 '통 밥'과 '짬 밥' 등과 같은 은어로 실행 능력을 과장했다. 그러나 이러한 위장된 능력은 산업사회에서 정보사회, 지식정보사회, 4차 산업혁명의 물결을 만나면서 속살을 드러내기 시작했다. 초기에는 발 빠른 대응으로 기술적인 면에서 앞서 가는 나라의 사례를 벤치마킹하면서 부족한 능력을 채웠다. 국내 경제규모가 세계 10위권에 도달하면서 변화와 혁신이 가치 창출의 핵심이 되었다. 창의성과 주도성, 자율성을 바탕으로 만들어야 할 변화와 혁신은 여전히 도전과제이다.

지금까지 우리는 실행중심의 사회생활을 했다. 사람이나 공장의 기계, 물류의 유통, 길거리의 자동차, 지하철 연결 통로에 있는 사람들의 이동은 모두 일사분란하게 움직여야 했다. 정체가 있으면 곧 시간 낭비라고 보았다. 이제 똑같은 상황을 다른 눈으로 볼 수 있어야 한다. 우리의 삶을 전반적으로 돌아보고 우리가 경험하고 있는 느낌과 생각을 되짚어 보아야 한다. 우리는 지금 강제로 세상을 달리 보는 시간을 보내고 있다. 2020년 1월부터 전 세계를 강타한 코로나 19 사태는 우리에게 밖으로 향하던 시선을 내면을 향하는 기회를 주었다. 특히 사회적 거리 두기에 모든 국민이 참여하고, 중앙방역대책본부와 의료진의 헌신적인 노력으로 세계적인 방역 선진국으로 평가와 인정을 받았다.

그러나 사회적 거리 두기가 지속되면서 단순한 생활의 반복은 사람들로 하여금 권태를 느끼게 했다. 국가적 차원에서 사회적 거리 두기에 의한 공동생활에서의 격리는 초유의 경험이다. 바쁜 일상이 지루한 일상으로 바뀌었다. 실행의 관점에서 현실 상황은 정지된 상태이며, 따라서 지루함을 느끼기에 충분하다. 일상에서 무엇인가를 하고 있어야 하는데 생산적인 활동을 하지 않는 자신의 모습을 보는 것은 당황스럽고, 책임감과 그에 따른 죄책감마저 느끼게 한다.

### 존재에 집중할 때 알게 되는 것

만일 존재의 관점에서 같은 상황을 본다면, 다른 점은 무엇일까? 지금 이러한 관점 전환이 가능할까? 실행의 관점도 중요하지만 존재의 관점이 의미하는 바는 무엇인지, 어떻게 보면 되는 것인지, 그 관점을 취함으로써 얻는 것은 무엇인지를 깊게 탐구해야 한다. 우리가 존재의 관점을 자연스럽게 취할 수 있다면 쉼과 여유를 느껴 볼 수 있을 것이다.

떠도는 마음을 달리 보자. 떠도는 마음에 대한 전문가인 조나단 스쿨러Jonathan Schooler는 사람들이 수면 부족을 경험하는 것과 같은 방식으로 '떠도는 마음의 결핍'을 경험할 필요가 있다고 말했다. 그의 말에 담긴 의미는 수면 부족이 해로운 것처럼 떠도는 마음의 결핍이 해롭다는 것이다. 수면이 부족하면 몸이나 정신이 균형을 잃는 것처럼 떠도는 마음이 부족하면 뇌는 정보처리를 하는데 과부하 상태에 놓이게 된다. 잊지 말자. 뇌도 휴식을 필요로 한다. 뇌가 휴식하며 작동시키는 정신 활동에 주목해야 한다.

존재에 주의를 집중한다는 것은 실행에 집중하던 주의가 내면을 향했다는 것을 의미한다. 과연 일상에서 흔히 경험할 수 있는 주의 전환이 사람들에게 새로운 경험을 가져다 줄 것인가?

삼십 대 중반의 팀장은 어느 날 집을 나오면서 다람쥐 쳇바퀴를 돌리고 있는 것 같은 자신의 모습에 숨이 막혔다고 당시의 심정을 묘사했다.

"그날의 아침은 상쾌했습니다. 맑은 공기에 푸른 하늘이 생기를 돋게 할 만한 날이었습니다. 그런데 아파트 단지를 나와 지하철을 타기 위해 이동하는데, 대로를 달리는 자동차와 바쁘게 걷는 사람들의 출근 모습이 흐릿한 신기루에 감싸인 듯 보였습니다. 반복되는 일상에 어지럽고 현기증이 났습니다."

그는 지난 10년을 어느 누구보다 열심히 노력하였고 높은 업무 성과를 이루었다. 5년 전부터는 팀을 결속력이 탄탄한 팀으로 이끌었고 주위의 찬사를 받았다. 팀의 업무 성과는 늘 상위권에 속했다. 그는 오로지 성과만을 향해 전력 질주했다. 그러던 어느 날 자신의 삶을 돌아보고 진지하게 원하는 삶의 모습에 대해 고민하기 시작했다. 그에게 마음이 떠도는 상황은 상상할 수 없었다. 일에 집중하느라 딴생각을 할 수도 없었다. 막상 자신의 삶에 대해서 생각하면서 시선이 내면을 향했다. 그는 그때 충격을 받았다. 자신을 위해 고민하고 상상하고 꿈을 꾼 경험이 없었기 때문이다. 목적 없는 삶, 일에 묶인 삶의 결과였다.

### 실행과 존재 중심의 삶, 어디에 주의를 집중할 것인가?

시선을 밖에 두고 반복해서 생활하다 보면, 일상의 목표와 내용이 갈수록 명료해지고 단순화되고 효율적이고 효과적이게 된다. 판에 박힌 일상 속에 사고와 행동 방식이 습관화되고 경직된다. 이 과정에서 사람들은 자기의 시선이 고착화되고 있는 것을 인식하지 못한다. 이제 변화를 준다는 것은 불가능해 보인다. 왜냐하면 외부로부터의 도전 요구를 방어할 수 있는 자기합리화가 탄탄하게 구성되었기 때문이다.

그러나 중요한 변화의 숨은 자원이 당신에게 있다. 바로 당신이 경험하고 있는 떠도는 마음이다. 떠도는 마음속에 당신의 관심이 있다. 이제 외부로 향하던 주의를 내부로 가져가 보자. 일에 집중했던 주의를 내면의 존재에 기울이는 것이다. 그 시선으로 떠도는 마음을 바라보면 된다. 인간만이 갖는 고유한 내면의 정신세계인 '떠도는 마음'의 공간을 유랑하면 된다. 삶의 주체인 당신이 당신의 관점에서 떠도는 마음을 판단하고 평가할 때, 떠도는 마음은 비생산적인 잡생각이 아니라 삶의 활력을 주는 생각의 요술 램프가 될 것이다. 떠도는 마음은 당신이 진정으로 원하는 것이 무엇인지를 알려 줄 것이다.

이제 변화는 자기 자신으로부터 나와야 한다. 앞에서 소개한 팀장의 사례와 같이 떠도는 마음으로 힘들어 한다면, 그때의 생각과 느낌으로 환경을 보지 말고 자신과 환경이 어떤 관계에 있는지에 주의를 기울여 본다. 떠도는 마음으로 힘들어 하는 것은 떠도는 마음의 문제가 아니라, 그 상황을 바라보며 설정한 관계에 문제가 있을 수 있다. 팀장의 경우는 존재보다 실행 중심의 관계를 설정했다. 환경 변화에 대응하는 내면의 변화보다 외부 목표에 대응하는 일 중심의 관계를 갖고 있다.

다음과 같이 질문해 보자.

"지금 내가 힘들어 하는 것은 무엇 때문인가? 나와 환경은 어떤 관계이기를 원하는가? 지금보다 더 나은 관계를 원한다면 그 관계를 어떻게 만들어 갈 수 있겠는가? 그 관계는 나에게 어떤 변화를 요구하는가? 그 변화를 만들기 위해 지금 무엇을 하겠는가?"

# 참고문헌

이석재 (2006). 18가지 리더십 핵심역량을 개발하라. 서울: 김앤김북스.

이석재 (2014). 경영심리학자의 효과성 코칭. 서울: 김앤김북스.

이석재 (2018). 효과성 코칭 워크숍 (개인코칭, 조직코칭). 서울: 워크숍 교재.

이석재 (2019). 내 삶을 바꾸는 생각 혁명. 서울: 와일드북.

이석재 (2020). 코칭방법론. 서울: 한국코칭수퍼비전아카데미.

Antrobus, J. S., Singer, J. L., & Greenberg, S. (1966) Studies in the stream of consciousness: Experimental enhancement and suppression of spontaneous cognitive processes. Perceptual and Motor Skills, 23, 399-417.

Baird, B., Smallwood, J., & Schooler, J. W. (2011). Back to the future: Autobiographical planning and the functionality of mind-wandering. Consciousness and Cognition, 20, 1604-1011.

Braboszcz, C., & Delorme, A. (2010). Lost in thought: Neural markers of low alertness during mind wandering. Neuroimage, 54(4), 3040-3047.

Bronson, K. (2017). Using mindfulness to decrease burnout and stress among nurses working in high intensity areas. Unpublished doctoral dissertation of Nursing Practice in The School of Nursing, the University of North Carolina at Chapel Hill.

Brown, C. G. (2016). Can "Secular" Mindfulness Be Separated from Religion? In E. P. Ronald et. al (Eds). Handbook of Mindfulness, pp. 75-94. Springer, Cham.

Callard, F., Smallwood, J., Golchert, J., & Margulies, D. S. (2013). The era of the wandering mind? Twenty-first century research on self-generated mental activity. Frontiers in Psychology, 4, 1-11.

Christoff, K., Irving, Z. C., Fox, K. C. R., & Spreng, R. N. (2016). Mind-wandering as spontaneous thought: A dynamic framework. Nature Reviews Neuroscience, 17, 718-731.

Clance, P. R. & Imes, S. A. (1978). The impostor phenomenon in high achieving women: Dynamics and therapeutic intervention. Psychotherapy: Theory, Research, and Practice, 15, 241-247.

Corey, C. (2005). Theory and practice of counseling & psychotherapy. (7th ed.). Belmont, CA: Thomson Learning.

Davey, C. G., Pujol, J., & Harrison, B. J. (2016). Mapping the self in the brain's default mode network. Neuroimage, 132, 300-392.

Deweck, C. S. (2007). Mindset: The New Psychology of Success. NY: Ballantine Books.

Diamond, S. (2008). Essential Secrets of Psychotherapy: The Inner Child. Psychology Today, June 7.

Ellis, A. (1994). Reason and emotion in psychotherapy: Comprehensive method of treating human disturbances: Revised and updated. NY: Citadel Press.

Flavell, J. H. (1979). Metacognition and cognitive monitoring. A new area of cognitive-development inquiry. American Psychologist, 34(10). 906–911.

Gable S. L., Hopper E. A., & Jonathan W. Schooler, J. W. (2019). When the Muses Strike: Creative Ideas of Physicists and Writers Routinely Occur During Mind Wandering. Psychological Science, 1–9.

Gendlin, E. T. (1978). Focusing. NY: Bantam Dell.

Glasser, W. (1998). Choice theory. NY: Harper Perennial.

Golchert, J., Smallwood, J., Jefferies, E., Seli, P., Huntenburg, J. M., Liem, F., Lauckner, M., Oligschlager, S., Bernhardt, B., Villringer, A., & Margulies, D. S. (2017). Individual variation in intentionality in the mind-wandering state is reflected in the integration of the default-mode, front-parietal, and limbic networks. Neuroimage, 146, 226-235.

Hatzigeorgiadis, A., Zourbanos, N., Galanis, E., & Theodorakis, Y. (2011). Self-talk and sports performance, Perspective on Psychological Science, 6(4), 348-356.

Hayes, S. C., & Smith, S. (2005). Get out of your mind and into your life: The new acceptance, commitment, and therapy. New Harbinger Publications, Inc.

Henríquez, R. A., Chica A. B., Billeke P., & Bartolomeo P. (2016) Fluctuating Minds: Spontaneous Psychophysical Variability during Mind-Wandering. PLoS ONE, 11(2): e0147174. doi:10.1371/journal. pone.0147174.

Hickey, W. S. (2010). Meditation as medicine: A critique. Cross Currents, 60(2), 168-184.

Hoban, G. (2000). Using a reflective framework to study teaching-learning relationships. Reflective Practice, 1(2), 165-182.

Irrmischer, M., van der Wal C. N., Mansvelder H. D., & Linkenkaer-Hansen K. (2018). Negative mood and mind wandering increase long- range temporal correlations in attention fluctuations. PLoS ONE 13(5): e0196907.

Irving, Z. C., & Thompson, E. (2018). The Philosophy of Mind-Wandering. K. Christoff & K. C. Fox (Eds.). In The Oxford Handbook of Spontaneous Thought: Mind-Wandering, Creativity, and Dreaming. Oxford University Press.

James, W. (1890). The Principles of Psychology (Vol. 1). NY: Halt.

Kabat-Zinn, J. (1994). Wherever You Go, There You Are: Mindfulness Meditation in Everyday Life. New York: Hyperion.

Kam, J. W. Y., Dao, E., Stanciulescu, M., Tildesley, H., & Handy, T. C. (2013). Mind wandering and the adaptive control of attentional resources. Journal of Cognitive Neuroscience, 25(6), 952-960.

Killingersworth, M. A., & Gilbert, D. T. (2010). A wandering mind is an unhappy mind. Science, 330, 932.

Kleiner, A., Schwartz, J., & Thomson, J. (2019). The wise advocate: The inner voice of strategic leadership. NY: Columbia Business School Publishing.

Klinger, E. (1990). Daydreaming. Los Angeles, CA: Tarcher.

Klinger, E. (1999). Thought flow: Properties and mechanisms underling shift in content. In J. A. Singer & P. Salovey (Eds.), At play in the field of consciousness: Essays in the hour of Jerome L Singer (pp. 29-50). NJ: Erlbaum.

Kounios, J., & Beeman, M. (2014). The cognitive neuroscience of insight. Annual Review of Psychology, 65, 71-93.

Kounios, J., & Beeman, M. (2015). The Eureka Factor: Aha Moments, Creative Insight, and the Brain. NY: Random House.

Kral, T. R. A., Imhoff-Smith, T., Dean, D. C., Grupe, III D., Adluru, N., Patsenko, E., Mumford, J. A., Goldman R., Rosenkranz, M. A., & Davidson, R. J. (2019). Mindfulness-Based Stress Reduction-related changes in posterior cingulate resting brain connectivity. Social Cognitive and Affective Neuroscience, 14(7), 778-787.

Kross, E., Bruehlman-Senecal, E., Park, J., Burson, A., Dougherty, A., Shablack, H., Bremner, R.,

Moser, J., & Ayduk, O. (2014). Self-talk as a regulatory mechanism: How you do it matters. Journal of Personality and Social Psychology, 106(2), 304-324.

Mann, S., & Cadman, R. (2014). Does being bored make us more creative? Creativity Research Journal, 26(2), 165-173.

Maslach, C., & Leiter, M. P. (2016). Understanding the burnout experience: Recent research and its implications for psychiatry. World Psychiatry, 15(2), 103-111.

McVay, J. C., & Kane, M. J. (2010). Does mind wandering reflect executive function or executive failure? Comment on Smallwood and Schooler (2006) and Watkins (2008). Psychological Bulletin, 136, 188-197.

Medea, B., Karapanagiotidis, T., Konishi, M., Ottaviani, C., Margulies, D., Bernasconi, A., Bernasconi, N, Bernhardt, B. C., Jefferies, E., & Smallwood, J. (2018). How do we decide what to do? Resting-state connectivity patterns and components of self-generated thought linked to the development of more concrete personal goals. Exp Brain Res, 236, 2469-2481.

Mooneyham, B. W., & Schooler, J. W. (2013). The costs and benefits of mind-wandering: A review. Canadian Journal of Experimental Psychology, 67(1), 11-18.

Morin, A., Duhnych, C., & Racy, F. (2018). Self-reported inner speech use in university students. Applied Cognitive Psychology, 1-7.

Mrazek, M. D., Franklin, M. S., Phillips, D. T., Baird, B., & Schooler, J. W. (2013). Mindfulness training improves working memory capacity and GRE performance while reducing mind wandering. Psychological Science, 24(5), 1-6.

Olano, H. A., Kachan, D., Tannenbaum, S. L., Mehta, A., Annane, D., & Lee, D. J. (2015). Engagement in mindfulness practices by U.S. adults: Sociodemographic barriers. The Journal of Alternative and Complementary Medicine, 21, 100-102.

Poincaré, H. (2000). Mathematical Creation. RESONANCE, February, 85-93. Science et méthode (1908)의 영어 버전에서 인용.

Potkewitz, H. (2018). Headspace vs. Calm: The Meditation Battle That's Anything but Zen. The Wall Street Journal: Life art/Life style. December, 15.

Rachman, S. (1993). Obsessions, responsibility and guilt. Behavior and Therapy, 31(2), 149-154.

Raichle, E. D., MacLeod, A. M., Snyder, A. Z., Powers, W. J., Gusnard, D. A., & Shulman, G. L. (2001). A default mode of brain function. Proc Natl Acad Sci USA, 98. 676–682.

Ruby, F. J. M., Smallwood, J., Sackur, J., & Singer, T. (2013). Is self-generated thought a means of social problem solving? Frontiers in Psychology. 4(962), 1-10.

Sarason, S., Davidson, K., & Burton, B. (1962). The preparation of teachers: An unstudied problem. New York: John Wiley and Sons.

Schwartz, J. M., & Gladding, R. (2011). You are not your brain: The 4-step solution for changing bad habits, ending unhealthy thinking, and talking control of your life. NY: Avery.

Seibert, P. S., & Ellis, H. C. (1991). Irrelevant emotional mood states and cognitive performance. Memory and Cognition, 5, 507–513.

Seli, P., Wammes, J. D., Risko, E. F., & Smilek, D. (2016). On the relation between motivation and retention in educational context: The role of intentional and unintentional mind wandering. Psychological Bulletin Review, 23(4), 1280-1287.

Seli, P., Kane, M. J., Smallwood, J., Schacter, D. L., Maillet, D., Schooler, J. W., & Smilek, D. (2018). Mind-wandering as a natural kind: A family-resemblances view. Trends in cognitive sciences, 22(6), 479-490.

Seli, P., Risko, E. F., Smilek, D., & Schacter, D. L. (2016). Mind-wondering with and without intention. Trends in Cognitive Sciences, June. 1-12.

Singer, J. L. (1966). Daydreaming: An Introduction to the Experimental Study of Inner Experience. NY: Random House.

Sio, U. N., Kotovsky, K., & Cagan, J. (2017). Interrupted: The roles of distributed effort and incubation in preventing fixation and generating problem solutions. Memory & Cognition, 45, 553–565.

Sio, U. N., & Ormerod, T. C. (2009). Does incubation enhance problem solving? A meta-analytic review. Psychological Bulletin, 135, 94–120.

Smallwood J., Fitzgerald A., Miles, L. K., & Phillips, L. H. (2009). Shifting Moods, Wandering Minds: Negative Moods Lead the Mind to Wander. Emotion, 9(2), 271–276.

Smallwood, J., Schooler, J. W., Turk, D. J., Cunningham, S. J., Burns, P., & Macrae, C. N. (2011). Self-reflection and the temporal focus of the wandering mind. Consciousness and Cognition, 20(4), 1120-1126.

Smallwood, J., & Andrews-Hanna, J. (2013). Not all minds that wander are lost: The importance of a balanced perspective on the mind-wandering state. Frontiers in Psychology, 9(4), 1-6.

Smallwood J., & Schooler, J. W. (2015). The science of mind wandering: Empirically navigating the stream of consciousness. Annual Review of Psychology, 66, 487-518.

Stawarczyk D, Majerus S,, & D'Argembeau A. (2013). Concern-induced negative affect is associated with the occurrence and content of mind-wandering. Consciousness and Cognition. 22, 442–48.

Stawarczyk D, Majerus S., Maj M., Van der Linden M., & D'Argembeau A. (2011). Mind-wandering: Phenomenology and function as assessed with a novel experience sampling method. Acta Psychologica, 136, 370–381.

Steele, J. D., & Lawrie, S. M. (2004). Segregation of cognitive and emotional unction in the prefrontal cortex: Stereotactic meta-analysis. Neuroimage, 21, 868–875.

Subramaniam, K., Kounios, J., Parrish, T. B., & Beeman, M. J. (2008). A Brain Mechanism for Facilitation of Insight by Positive Affect. Journal of Cognitive Neuroscience, 21(3). 415-32.

Tesser, A. (1978). Self-generated attitude change. In L. Berkowitz (Ed.), Advances in Experimental Social Psychology (Vol. 11, pp. 289-338). NY: Academic Press.

Tesser, A. (1996). Some ruminative thoughts. In R. S. Wyer, Jr. (Ed.), Advances in Social Cognition (Vol. 9, pp. 1-47). NY: Academic Press.

Wallas, G. (1926). The art of thought. NY: Harcourt, Brace.

Watson, J. B. (1913). Psychology as the behaviorist views it. Psychological Review, 20, 158-177.

Wegner, D. M. (1994). Ironic processes of mental control. Psychological Review, 101, 34-52.

Wegner, D. M. (1997). Why the mind wanders. In J. D. Cohen & J. W. Schooler (Eds.), Carnegie Mellon Symposium on Cognition. Scientific Approaches to Consciousness (p. 295-315). Lawrence Erlbaum Associates, Inc.

Winsler, A. (2009). Still talking to ourselves after all these years: A review of current research on private speech. In A. Winsler, C. Fernyhough & I. Montero (Eds.), Private Speech, Executive Functioning, and the Development of Verbal Self-Regulation (pp. 3–41). New York: Cambridge University Press.

잡생각에 지친 당신을 위한 심리코칭

# 떠도는 마음 사용법

초판 1쇄 인쇄 2020년 11월 02일
초판 1쇄 발행 2020면 11월 09일

지은이 이석재
펴낸이 최익성

기 획 홍국주
편 집 최미근
마케팅 임동건, 임주성, 김선영, 송준기, 신현아, 강송희
마케팅 지원 황예지, 신원기, 박주현
경영지원 이순미, 임정혁
펴낸곳 플랜비디자인
디자인 design Orae

출판등록 제 2016-000001호
주 소 경기도 화성시 동탄반석로 277
전 화 031-8050-0508
팩 스 02-2179-8994
이메일 planbdesigncompany@gmail.com